허리박사의 해설이 있는

건강한 골프, 안전한 골프

Golf Injury Handbook

허리박사의 해설이 있는

건강한 골프, 안전한 골프

지음 • 앨런 레비, 마크 퓨어스트

옮김 • 신준식, 조명래
류충열, 김용세

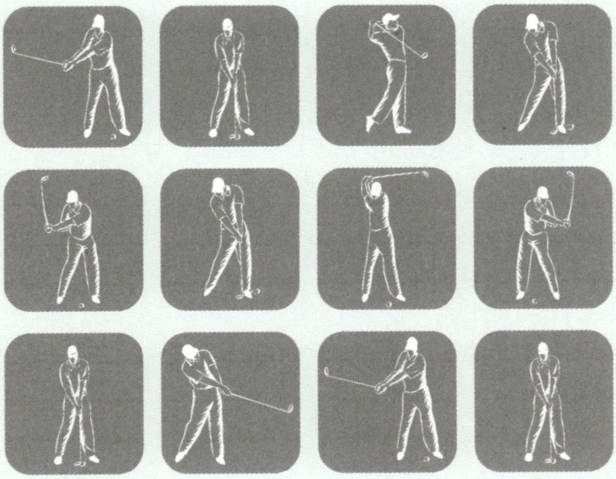

신흥메드싸이언스

허리박사의 해설이 있는

건강한 골프, 안전한 골프

2011년 5월 발행

지 은 이 : 앨런 레비, 마크 퓨어스트
옮 긴 이 : 신 준 식, 조 명 래, 류 충 열, 김 용 세
발 행 인 : 홍 성 혁
발 행 처 : **신흥메드싸이언스**
편　　집 : 인 선 남
디 자 인 : 서 은 미

주　　소 : 서울시 영등포구 양평동 3가 15-1번지
월드메르디앙 비즈센터 501호
등록번호 : 제318-2007-000077호
전　　화 : 02) 2165-8670~4
팩　　스 : 02) 2165-8675
홈페이지 : www.shmed.co.kr

I S B N : 978-89-6498-011-8　　13690
정　　가 : 18,000원

프로 강사이면서 지도자로 수많은 주말 골퍼들과 상위권 선수들을 지도하기 때문에, 나는 골프계에서 최첨단에 있어야 했다. 그렇지 않으면 간과해 버릴 수밖에 없는 것들이 많기 때문이다.

경기에 관련된 수많은 새로운 아이디어와 일반 정보가 쏟아지지만, 모두 흡수하기는 힘들다. 그러나 물론 그런 일을 하는 것을 좋아한다.

나의 골프 스쿨 교육 시스템에서 주목할 것은 "25% 이론"이다. 그것은 단순히 우리 강사들이 골프를 네 가지 부분으로 나눈 것을 의미한다. 즉, 롱(long) 게임, 쇼트(short) 게임, 멘탈(mental) 게임, 그리고 매니지먼트(management) 게임이다. 이런 네 가지 기본적인 분야에 따라 골퍼의 능력 분석표를 작성하였다. 골퍼가 개선이 필요한 것에 따라 이 네 가지 범주 가운데 하나에 집중하는 것이다. 우리의 교습 방법은 골퍼 개개인이 가장 먼저 무엇을 할 필요가 있는지를 실제적으로 분석하고 나서, 향상 계획을 세운다.

골프 강습은 점점 정교함을 더해가고, 골프 경영 분야는 훨씬 더 진지해졌다. 나는 최근 10년간 거대한 변화를 지켜봤다. 나에게 있어서, 매니지먼트 게임이란 골프에서 당신의 장점과 단점을 당신이 어떻게 관리하느냐를 의미한다. 당신이 얼마나 개선시키기를 원하느냐에 따라, 당신이 얼마나 전념하느냐에 따라 당신의 돌발 상황에서의 매니지먼트 기술은 점점 중요해진다.

오늘날 모든 PGA 투어 선수들은 육체적인 컨디션 조절과 스트레칭은 성공을 위한 가장 기본적인 것으로 간주한다. 다수의 위대한 선수들은 전속 트레이너가 있거나 아주 섬세한 훈련 프로그램을 가지고 있다. 당신이 선수처럼 훈련하지 않으면 중요한 토대를 상실하고, 오늘날의 초현대적, 기술집약적 세상에서 성과를 거두지 못하게 된다.

나는 우리 학교에 들어온 다수의 평균 수

준 골퍼들에게 유연성과 근력 훈련에 대한 중요성을 강조해 왔다. 그들은 훌륭한 운동범위(ROM)를 갖추지 못하면, 결코 원하는 만큼 공을 칠 수 없다는 것을 알게 되었다.

이용 가능한 수많은 자료에서 올바른 정보를 끄집어내는 것이 핵심이다. 골프 강습에서도 마찬가지로 정보는 홍수를 이루지만, 그 정보 중 대부분은 설득력이 없고 매우 유해한 것들이다.

이 책은 의사인 앨런 레비와 전문작가인 마크 퓨어스트가 훌륭한 정보를 담았다. 두 사람의 정상급 전문가는 스포츠 의학 분야에서 최첨단의 정보를 제공할 것이다. 나는 그들의 조언이 당신이 더욱 자주 골프를 하게 하고, 당신의 잠재 능력을 깨워주어서 훨씬 더 즐겁게 골프를 즐길 수 있도록 도와줄 것이다.

내가 만나본 성공한 사람들을 묘사한 핵심 단어 한 가지는 바로 "준비"다. 이 책은 폭넓고 다양하게 잠재된 문제를 대처하는 데에 도움을 줄 것이다. 당신이 벌써 가지고 있음직한 고질적인 육체적 문제뿐만 아니라, 문제가 발생하기 전에 예방하는 모든 종류의 조언과 아이디어가 포함되어 있다.

당신의 골프 인생의 장단점을 검토하여 성공을 준비하라. 이 책은 최고의 골프를 즐길 수 있도록 확실히 당신을 도와줄 것이다.

짐 맥린*

*짐 맥린(Jim McLean. 1937~): PGA 투어 선수 출신으로, 세계적인 골프 지도자이자 사업가. 짐 맥린 골프 스쿨의 소유자.

감사의 말

이 책이 만들어질 수 있도록 도움을 준 많은 분들께 감사를 드린다.

뉴욕 자이언츠의 체력 코치 존 던은 컨디션 조절 프로그램에 도움을 주었다.

자이언츠의 비디오 감독관 존 맨쿠소는 운동 삽화를 함께 넣을 수 있도록 도움을 주었다.

존 아이젠과 사우스 포크 컨트리 클럽의 회원들은 안내와 일화, 훌륭한 장소를 제공해 주었다.

케빈 스미스와 몬턱 다운스 주립 공원에 근무하는 그의 직원들은 지도와 자문은 물론, 내 경기 자료를 찾는 것을 착수하도록 도와주었다.

우리의 대리인인 (주) 샌포드 그린버거의 페이스 햄린은 약속이 연기된 상황에서도 지속적으로 협조를 해주었다.

주디스 맥캐시와 존 윌리의 직원들은 편집과 제작을, 재키 애허는 능숙한 솜씨의 삽화를 담당하였다.

나(앨런)의 아내 게일은 내가 남는 시간에 이 작업에 몰두할 수 있도록 해주었을 뿐만 아니라, 입력 · 복사 · 팩스 작업을 했다.

나(마크)의 아내 매기는 오랜 시간 원고를 쓰고 정리하는 동안 묵묵히 지원을 해주었다. 모든 공을 그녀에게 돌리고 싶다.

저자소개

앨런 레비(Allan M. Levy, M.D.)

뉴욕 자이언츠(풋볼), 미국농구협회(NBA)에서 오랜 기간 팀 닥터로 근무했고, 뉴욕 아일랜더즈(아이스하키)와 뉴욕 로켓츠(축구)의 시즌 팀 닥터로 근무했다. 현재 임상의사, 스포츠의학자, 저술가로서 왕성한 활동 중이다. 저서로는 "*Sports* Injury Handbook", "*Tennis* Injury Handbook" 외 다수의 스포츠 의학 관련 서적과 논문이 있다.

마크 퓨어스트(Mark L. Fuerst)

디킨슨 대학에서 생물학을 전공했고, 미조리 대학에서 저널리즘으로 석사학위를 취득했다. 닥터 레비와 함께 건강과 의학 서적의 공동 저술 작업을 해왔고, 기타 여러 책을 저술하였다. 20여 년간 프리랜스 기자로 일해오면서 다수의 스포츠 의학 관련 기사를 써왔다. 미국 과학 저술가 협회(NASW) 회원이자, 미국 기자 및 작가 협회(ASJS)의 회장을 역임했다.

신준식(申俊湜)

학력

- 경희대학교 한의과대학 및 동 대학원 졸업(석/박사취득)

역임

- 경희대학교 과학기술연구원 수석위원 역임
- 경희대학교 경영대학원 의료경영학과 외래교수 역임
- 경희대학교 동서의학대학원 겸임교수 역임
- 포천 중문의과대학 외래교수 역임

현재

- 경희대학교 한의과대학 외래교수
- 중국 제1군의대학 명예교수
- 세계중의골과연합회 부회장
- 국제화하의약학회 부회장
- 미국 국제동양의학연구소 연구이사
- 척추신경추나의학회 회장
- 대한항노화학회 회장
- 대한한방병원협회 회장
- 자생의료재단 이사장 및 자생한방병원 이사장

수상

- 1993년 보건사회부 장관 표창 수상
- 2000년 보건의 날 – 대통령 국민포장 수상
- 2006년 보건의 날 – 국민훈장 동백장 수상
- 2007년 5월 한국카네기 연구소 2007 대한민국 최고 리더십상 수상
- 2007년 12월 해외환자 유치활성성호 공로기관 보건복지가족부 장관 표창 수상
- 2007년 12월 척추건강캠페인 교육감 감사패 수상
- 2008년 7월 대한민국보건산업대상 한방부분 표창 수상

조명래(趙命來)

학력
- 대전대학교 한의학과 한의학학사
- 대전대학교 대학원 한의학석사(침구학 전공)
- 경희대학교 대학원 한의학박사(침구학 전공)
- 성균관대학교 대학원 법학과 박사과정 수료(헌법학 전공)

역임
- 대한침구학회 고시이사
- 대한한의학회 교육이사
- 동신한방병원 부원장 겸 진료부장
- UCI Visiting Scholar of Beckman Laser Institute and Medical Clinic
- 동신한방병원 병원장

현재
- 국민건강보험공단 양천구 장기요양등급판정위원회
- 보건복지부 질병군 전문평가위원회 위원
- 보건복지부 의료행위 전문평가위원회 위원
- 한국보건의료인 국가시험위원회 위원
- 동신대학교 한의과대학 정교수(침구학 전공)
- 동신한방병원 침구과장
- 대한침구학회장
- 대한한방병원협회 부회장

저서
- 『한방통증치료학』(서울: 대성의학사, 2000) 공저
- 『임상침구처방학』(대전: 주민출판사, 2001) 공역
- 『呂景山의 임상대혈론』(대전: 주민출판사, 2006) 공역

류충열(柳忠烈)

학력
- 경희대학교 한의과대학 한의학학사
- 경희대학교 대학원 한의학석사(침구학 전공)
- 경희대학교 대학원 한의학박사(침구학 전공)

역임
- 대한 침구학회 이사
- 국제 고려학회 의료분과 회장

현재
- 동신대학교 한의과대학 정교수
- 동신한방병원장 겸 외형1과장

저서
- 『임상침구처방학』(대전: 주민출판사, 2001) 공역
- 『呂景山의 임상대혈론』(대전: 주민출판사, 2006) 공역

김용세(金容世)

학력
- 대전대학교 한의학과 한의학학사
- 동신대학교 대학원 한의학석사(침구학 전공)
- 동신대학교 대학원 한의학박사과정(침구학 전공)

역임
- 강남자생한방병원 추나과장

현재
- 일산자생한방병원 진료부장
- 일산동서구 장기요양등급판정위원회 위원
- 척추신경추나의학회 정회원

저서
- 『呂景山의 임상대혈론』(대전: 주민출판사, 2006) 공역

세계무대에서 한국의 위상을 드높이고 있는 프로 골퍼들만큼이나, 아마추어 골퍼들의 숫자도 나날이 증가하고 있다. 건강에 대한 관심, 비즈니스, 여가 선용 등 이유도 다양하며, 중년 남성에게만 국한된 스포츠가 아니라, 여성 골퍼와 폭넓은 연령층으로의 확산도 두드러지고 있다.

일선 진료현장에서 근골격계 질환을 주로 담당해온 역자들 역시, 골프로 인한 질환으로 내원하는 환자가 나날이 늘어나는 것을 실감한다. 수년간 진료를 해오면서 이들에게 여러 가지 공통점을 발견하게 되었다.

사전 준비 운동 없이 바로 클럽을 휘두르고, 18홀이나 혹은 그 이상을 돌면서 그에 걸맞은 근력과 유연성 향상을 위한 운동을 하지 않으며, 마무리 운동을 하지 않는다는 것이다. 게다가 적절한 영양 섭취보다는, 음주가 수반되는 회식으로 이어진다. 안전을 위한 투자보다는, 고급 의류와 장비에 더 관심을 가지는 것이 현실이다. 또, 체계적인 강습을 통한 자세의 교정과 나쁜 습관을 배제하기보다는, 아마추어들 사이에서 어깨너머로 배우는 것이 만연되어 있다.

이런 현실을 감안할 때, 환자들에게 구체적으로 부상을 예방하고, 적절한 치료를 위한 안내가 필요함을 절실하게 느끼게 되었다. 기존의 개별적, 즉각적인 지도에서 한계를 느끼던 차에, 이 책의 원서인 『*Golf Injury Handbook*』을 접하게 되었고, 우리말로 옮기기로 결심하였다.

한국적인 현실과는 동떨어진 부분이 일부 소개되지만, 대부분의 내용이 안전하고 즐거운 골프를 위한 유용한 내용이라고 판단된다. 더 이상 잘못된 정보로 몸을 망쳐가며 클럽을 휘두르는 일이 없기를 바란다. 이는 일선 지도자들의 잘못도 크다.

마지막으로, 본서에 소개된 의학 정보는 실제로 당신을 담당하고 있는 의사의 소견에 앞설 수 없음을 밝혀둔다.

2011년 5월
역자 일동

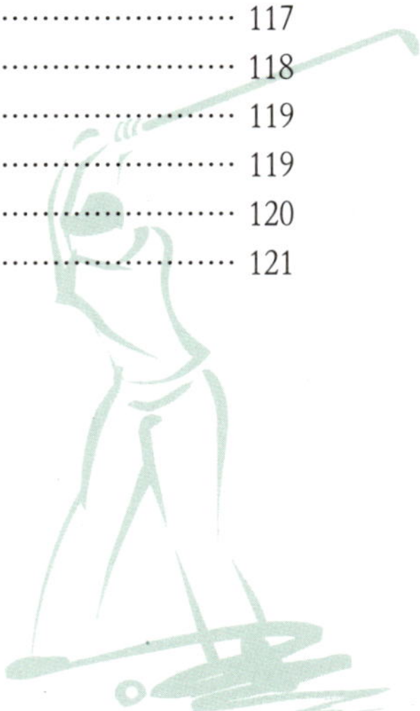

Golf Injury Handbook

허리박사의 해설이 있는

건강한 골프, 안전한 골프

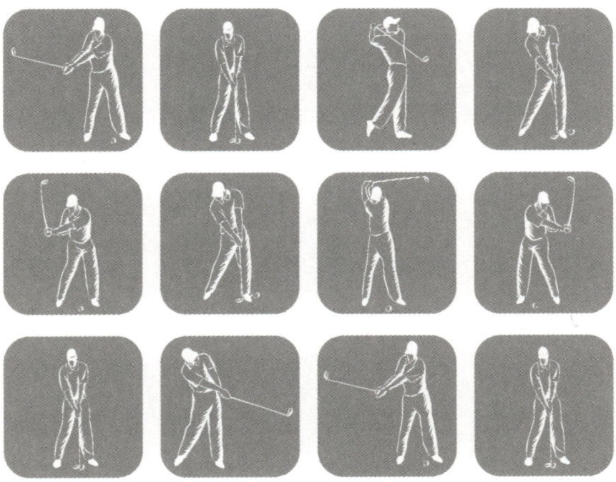

머리말

추간판 탈출증, 건염(힘줄염), 어깨통증, 근육통, 회전근개 염증. 이상은 풋볼 시합을 하다가 생긴 부상일까? 골프를 하다가 발생한 것들이다.

골프를 하다가 부상을 입는 것은 일상적인 일이다. 50대 이하 골퍼의 절반 이상과 50대 이상 골퍼의 65% 이상이 골프를 하는 동안 몇몇 유형의 부상을 겪는다. 클럽을 스윙하면서 몸을 부자연스럽게 비트는 것이 반복되고 누적되어, 골프 시합을 하고 나면 3/4 이상의 골퍼들이 요통을 호소한다. 이는 한 번의 라운딩에서 평균 300회 이상 스윙(연습 스윙을 포함해서)을 하는 골퍼들로부터 산출된 것이다.

골프는 놀라울 정도로 엄밀하다. 골퍼가 순조롭게 경기하기 위해, 특히 더 나은 경기를 위해 특별히 카트를 이용한다면 컨디션을 개선하는 데 도움이 되지 않는다. 겉으로는 신사적인 여가활동이지만, 골프는 몸을 뒤흔들어 놓는다. 프로 선수들은 스윙을 하는 동안 하부 척추의 디스크 파열을 일으키기에 충분한 축회전을 한다. 아마추어들은 종종 엉덩이를 적절히 이용하지 않기 때문에 더 나쁘게 작용하고, 허리에 상당한 부하를 가져온다.

골프가 점점 대중화되면서, 다리를 절룩거리면서 내 스포츠의학 진료실에 찾는 사람을 많이 볼 수 있다. 몸에 가해지는 골프의 스트레스에 대한 약간의 교육은 일반적인 부상을 피할 수 있고, 다양한 크고 작은 통증으로부터 회복되는 데 도움이 된다. 골퍼가 기초 체력과 정확한 자세에 주의를 기울인다면 대부분의 부상들은 예방될 수 있다.

골프 부상을 예방하기 위해 나는 골퍼들이 그들의 행동을 개선하는 데 도움을 주는 프로그램들을 개발해왔다. 이 프로그램은 기초적이면서 가정에서 일상적으로 단련할 수 있으며, 골프에 알맞게 근육을 늘려주고 강화시키는 운동으로 구성되어 있다.

유연성을 증가시키고 근육을 강화시킨 골퍼는 부상을 예방하고 스코어를 향상시킬 수 있다. 많은 아마추어 골퍼들은 유연성이 부족해서 적절한 스윙 자세를 찾지 못할 수도 있다. 손목, 팔꿈치, 어깨, 그리고 복부 근육을 적절히 강화시키는 것도 도움이 된다. 좋은 체형과 자세는 부상으로부터 멀어진다는 의미다.

이 책의 개요는 경기에 들어가기 전과 진행 중에 할 수 있는 간단한 유연성과 강화 운동 시리즈다. 이것은 골퍼를 역도 선수나 마라토너로 바꾸려는 것이 아니다. 부상을 예방할 수 있고, 길게 봐서는 골프 실력 향상을 위해 몇 가지를 제시하는 것이다.

이 책의 활용 방법

제1부는 당신의 타수를 낮추기 위해 필요한 작업의 핵심 요소를 거치도록 할 것이다. 여기에는 워밍업과 스트레칭, 컨디션 조절, 그리고 근력 강화 훈련을 포함하고 있다. 나는 또한 절정의 경기 능력을 위해 경기 전후와 경기 중에 무엇을 먹어야 할지에 대해 유효한 조언을 제공한다.

스트레칭 프로그램은 당신의 유연성을 향상시킬 것이다. 유연성은 특히 화창한 봄날 주말에 처음으로 스윙을 하고자 하는 중년의 골퍼들에게 중요하다. 오랜 휴식 기간 뒤에 활동을 재개하면서 당신을 높은 부상의 위험에 빠지게 한다. 관절과 근육의 과도한 스트레칭은 염좌나 근육 당김을 유발할 수 있고 주말 골프 뒤에 암울한 월요일을 맞이하게 한다.

근력 강화 프로그램은 전신의 근육을 키우는 데 도움을 준다. 골퍼는 근육의 크기만 키우고 유연성을 감소시킨다고 생각하여 전통적으로 웨이트 트레이닝을 회피하였다. 모든 골퍼들은 공을 더 멀리 날리고 싶어하는데, 적절한 근력 강화는 유연성을 감소시키지 않고 장타를 치는 데 도움을 준다.

제2부는 골퍼들이 당면하는 부상과 재활 계획표를 포함하는 의학적 문제 등의 일반적 관심사와 기본적인 예방조치에 초점을 맞추었다. 또한 건강을 증진시키고 근력과 유연성을 향상시키기 위해 판매되는 골프 보조용품에 대한 소개한다.

제3부는 골프 부상에 대해서 머리에서 발끝까지 몸 전체에 대해 유기적으로 총체적인 가이드를 한다. 당신은 몸의 각 부위에 발생한 부상을 어떻게 인지하고 처치할지를 익히게 될 것이고, 언제 운동을 재개하는 것이 안전한지 배우게 된다. 또 당신은 특별한 운동을 통해서 어떻게 부상의 재발을 예방할지를 알게 될 것이다. 나는 이론적인 적용이 아닌 실제적인 조언을 제공한다. 예를 들어, 손목을 강화하기 위해서 당신은 의료기상에서 고가의 핸드 퍼티를 구입하는 대신에, 싸구려 잡화점에서 부드러운 고무공을 구입해서 쥐어짜기 연습을 할 수 있다.

아마추어 골퍼라도 프로 골퍼들이 활용하는 재활 기법을 익힐 수 있다. 두자릿수의 핸디캐퍼는 프로들이 하는 것처럼 재활과 경기에 시간을 쏟을 필요는 없지만, 방법은 동일하다. 다만 정도의 차이일 뿐이다.

제3부에서는 각 상황에 따라 다음과 같은 기호를 발견할 것이다. 이 기호는 당신이 자가 치료를 시작할 상황인지, 혹은 의사를 찾아가야 하거나 응급 처리를 받으러 가야 하는지를 알 수 있도록 도움을 준다. 상황에 대한 표시는 아래와 같다.

이 기호는 비록 나중에 의사를 찾아가야 하지만, 기본적인 일차 처치를 통해 우선적으로 해결할 수 있는 상황을 가리킨다. 예를 들어 긴장된 허리 근육처럼 대부분의 골프 부상은 이 범주에 속한다.

MD

이 기호는 땅바닥을 쳐서 팔꿈치에 통증이 생기는 것처럼 부상이 경미해 보이고 통증이 적지만, 치료를 위해 바로 의사를 찾아갈 필요가 있음을 의미한다. 휴식과 얼음찜질만으로는 찢어진 근육이나 힘줄 섬유의 통증을 해소할 수 없다. 전문적인 치료를 위해 의사를 찾아가야 한다.

EMERGENCY

이 기호는 응급 상황을 가리킨다. 즉 골프공으로 머리를 맞은 것과 같은 상태는 병원이나 응급 의료 시설에서 즉각적인 의학적 처치를 필요로 한다.

제4부는 어떻게 경기 능력을 향상시킬지에 대한 특별한 조언을 포함해서, 노인, 여성, 장애인 골퍼를 위한 특별한 관심사에 대해 부가적인 정보를 제공한다.

제1부

안전한 골프를 위한 준비

- 골프를 위한 몸만들기
- 골프를 위한 식이요법과 영양

1. 골프를 위한 몸만들기

프로 선수든 일반 초보자든 모든 골퍼는 경기에 알맞은 관리와 준비가 필요하다. 골프는 온몸 구석구석에 영향을 미치는 경기다. 한 부분이라도 도외시하는 골퍼는 경기 중에 알게 되거나, 다음날 느끼게 된다.

대부분의 골퍼들은 통상적인 골프 관련 신체 단련 단계를 생략한다. 라운드가 진행되는 동안 피로가 자리잡아가고 자세는 흐트러지며, 부상의 기회는 증가한다. 이것의 영향은 피할 수 없는 엉성한 동작, 줄어드는 경기 시간, 늘어나는 부상의 빈도 및 완벽하게 경기를 역전할 수 있는 기회와 멀어짐을 포함한다. 그리고 골프 부상은 증가 추세다. 소비자 제품 보호 위원회(Consumer Product Safety Commission)에 따르면 스포츠가 대중화되면서, 골프 부상은 1990년에 비해 1995년 13%가 상승했다.

많은 골퍼들이 나이와 관련되거나 선재한 생리적 상태 때문에, 일반적인 컨디션 조절 프로그램과 경기 전 워밍업은 부상을 예방하는 데 필수적이다. 반가운 뉴스는 많은 부상들이 신체 단련과 정확한 자세에 주의만 기울인다면 대부분은 예방될 수 있다는 것이다. 당신이 골프에 적합하게 근육을 키워나갈 때, 당신은 더 강해지고 유연해지며, 공을 더 멀리 쳐낼 수 있게 되고, 훨씬 더 안정될 것이다. 일주일에 단 며칠, 집에서 스트레칭 및 강화 운동 프로그램을 통해 이 모든 것을 얻게 된다.

다행스럽게도, 골퍼들은 별난 사람들이라 그들의 경기를 위해서라면 거의 모든 것을 하게 된다. 드라이브 거리를 늘릴 수만 있다면 대부분 근력 강화에 대해서 생각도 해보지 않은 사람이라도 하게 된다. 근력과 유연성 훈련 두 가지를 겸하면, 체력과 능률을 모두 향상시킬 수 있다.

뻣뻣한 골프를 하지 않으려면 워밍업을 하라

프로 풋볼 선수나 육상 선수는 맨 처음 워밍업을 하지 않고 달린다는 것을 상상조차 하지 않는다. 그러나 대부분 골퍼들은 토요일 아침부터 신발끈을 묶고 첫 번째 티(tee)로 달려가, 최소한의 워밍업이나 스트레칭도 없이 공을 치기 시작한다. 골프는 몸에 맞춰 성실한 준비운동을 필요로 한다. 경기나 연습 전에 적절한 워밍업이 없으면, 당신은 부상으로부터 벗어날 수 없다.

당신은 어떻게 워밍업을 하는가? 경기를 하기 전, 심장이 두근거릴 때까지 가벼운 체조(팔 돌리기, 다리 들기, 클럽 없이 가상의 스윙), 큰 걸음, 가벼운 달리기, 실내 자전거 타기나 기타 다른 가벼운 운동을 하라. 이것은 근육에 피의 흐름을 증가시킨다. 목적은 체온을 약 1°C 상승시켜 몸에서 열이 나게 만들어 근육과 관절을 이완시키는 것이다.

체온이 상승한 것을 어떻게 알 수 있는가? 다행스럽게 대부분의 아마추어들은 체온계를 가지고 다닐 필요는 없다. 몸은 그 자체에 타고난 온도계를 가지고 있다. 땀을 흘리기 시작할 때, 당신의 체온은 약 1°C 상승한 것이다.

체계적인 워밍업은 최고의 능력을 발휘하도록 도와줄 수 있다. 서두를 필요가 없도록 티 오프(tee off) 한 시간 전에 코스에 도착되도록 하라. 5~10분 근육을 워밍업하고, 충분히 늘려주고, 두 개의 클럽이나 무거운 클럽을 잡고 천천히 스윙을 하라. 혹은 웨이트 도넛(weight donut, 원래는 타자 대기석의 야구 방망이에 달던 것)을 달고 하라.

마지막으로 연습 샷을 몇 차례 할 준비가 되었을 때, 편안한 박자와 균형을 찾아라. 웨지(wedge)와 짧은 아이언으로 시작해서 중간 아이언, 그리고 우드를 써라. 짧은 클럽은 몸에 스트레스를 덜 주므로, 드라이버를 치기 전에 근육을 충분히 이완시킬 때까지 기다려라.

경기를 하러 가기 전에 40회 정도의 풀 샷만 하면 된다. 대부분의 프로들은 대략 6번 클럽으로 몇 차례 샷을 할 뿐이다. 예를 들어, 당신이 홀수의 아이언과 두 개의 우드로만 치기를 원할 수 있다. 다음 경기에 앞서 워밍업 할 때는 짝수의 아이언과 두 개의 우드로만 쳐라. 그리고 나서는 칩 샷(chip shot)을 해볼 수도 있고, 그린의 스피드를 측정하기 위해 몇 차례 퍼팅을 해보고, 가능한 최저 스코어를 이루기 위해서 필요한 편안함을 획득하라.

컨디션 조절

골프는 즐거움뿐만이 아니라 당신에게 유익함을 가져다 준다. 골프는 동작이 강도는 낮고 경기 시간은 길어서 체중조절에 탁월한 평생 스포츠다. 골프 경기를 하는 동안 18홀을 걸으면서 클럽을 끌고 다니면, 평균 체중이 68kg의 남자가 거의 1,000kcal를 소모하므로 9.6km를 달린 것과 비슷하다. 코스를 걸으면서(8km 정도의 구릉 지대를 걸어 다니는 것과 같다.) 가방을 들고 다니면 거의 2,000kcal를 소모하게 된다.

컨디션 조절을 잘하면 골프 부상을 예방할 수 있고, 기술을 향상시킬 수도 있다. 심혈관계의 조절 혹은 심장의 건강은 풀코스를 걸어 다닐 수 있도록 하는 데 중요하다. 실제로 걷기와 건강한 심장은 함께 간다. 매주 세 번씩 18홀을 걷고 가방을 들고 다니는 골퍼들은 고밀도지질단백 콜레스테롤〔High-density lipoprotein(HDL) cholesterol〕을 양호한 수준으로 올릴 수 있다는 연구 결과가 있다.

당신이 풀코스를 걸을 수 없다면, 처음에는 페어웨이 샷 사이라도 걷도록 하라. 혹은 당신의 파트너로 하여금 공에 도착하기 45m 정도를 앞두고 카트에서 내려달라고 하라. 당신의 몸이 얼마나 빨리 반응하는지 놀라게 될 것이다. 걷기는 다음 샷에서 당신의 근육이 활성화된 상태로 유지시켜 주고, 혈액의 흐름을 원활하게 하며, 호흡을 안정시킨다. 또한 걷기는 공에 도착할 때까지 육체적, 정신적으로 준비할 수 있도록 하여 다음 샷에 집중할 수 있도록 도와준다.

게다가 걷기는 나쁜 샷을 한 뒤에 평정을 되찾을 수 있도록 도와준다. 공에 도착할 때 심호흡을 몇 차례 하고 다음 샷을 준비해보라. 카트가 측면에 주차되어 있더라도, 앞에서부터 그린 위로 걸어가 보라. 이것은 그린의 형태와 윤곽에 대한 훌륭한 시각을 가져다주어서 퍼팅에 도움을 준다.

훌륭한 육체적 컨디션 조절은 경기에서 성과를 거둔다. 당신이 육체적으로 적정선을 유지한다면, 경기가 종반에 다가가면서 손을 떨거나 퍼팅을 놓치는 일은 거의 없을 것이다. 당신의 심혈관계가 적정선을 유지한다면 샷을 날리는 데 훨씬 더 나은 상태로 준비가 되고, 더 침착하며 집중하게 될 것이다.

유연성

최대 운동범위(full range of motion)는 골프의 핵심이다. 좋은 스윙을 하기 위해서는 몸을 최대한 돌려야 한다. 대체로 나이가 늘어나는 만큼, 골퍼의 스윙은 점점 동작에 압박이 증가하면서 제약이 점점 늘어간다. 유연성이 뛰어나고 관절과 근육에 더 나은 가동성을 가진 골퍼는 훨씬 유연하면서 저항이 덜한 스윙을 하게 된다.

유연성이 없으면, 골퍼의 몸은 부상으로 이어질 수 있는 비정상적인 스트레스를 받는 물체일 뿐이다. 그러나 주기적으로 짧은 시간이나마 스트레칭에 할애를 하면, 당신의 골프 친구들 사이에서 우위를 점하게 되고, 지속적으로 타수를 줄일 수 있게 된다. 또한 부상으로부터 멀어지게 한다. 약간의 스트레칭이 불편하게 보낼 수밖에 없었던 기간에 종지부를 찍도록 해줄 것이다.

플로리다 주의 피지에이 내셔널 리조트 앤 스파(PGA National Resort & Spa)에서 1,000 명의 골퍼를 대상으로 한 최근 연구에 따르면, 유연성이 좋은 남녀 골퍼가 일반 골퍼들에 비해 실력이 나은 것으로 나타났다. 전반적인 근육의 유연성을 증가시켜온 그룹은 스윙의 파워와 클럽헤드의 속도를 극대화시키게 되고, 조절 능력을 향상시키며, 부상의 위험을 줄여나갈 수 있게 된다.

대부분의 남자는 근력을 강화하는 것보다 유연성을 키우는 것이 필요하다(그 반대는 여성에게 일반적으로 적용된다). 과도한 회전과 좌우로 굽힘 때문에 골프는 몸통과 아래팔의 회전을 동반한 움직임에 중점을 두는 것이 중요하다. 다리는 스윙의 기초이면서 몸통을 돌릴 때 관계되어 있어서,

강한 만큼 유연해야 한다.

휘트니스 요가와 파워 요가와 같은 새로워지고 다양해진 것들을 포함하여, 요가는 특히 척추의 민첩성과 균형을 요구하는 동작을 해야 하는 골퍼에게 도움을 주는 유연성 훈련의 또 다른 형태이다. 요가는 유연성, 전신 지구력, 그리고 마음의 안정을 증가시키는 좋은 방법이다. 요가는 정신과 육체 사이의 연결을 증진시키면서 근육을 늘려주고 강화시킨다.

요가 교실은 전문 스튜디오나 헬스 클럽 등 전국 어디서나 찾을 수 있다. 초보자를 위한 비디오 테이프는 숙련자도 활용할 수 있다. 당신의 거실에서, 베란다에서 혹은 조용한 곳이라면 요가를 할 수 있다는 것이 또 하나의 매력이다. 유연성을 유지하기 위해서 당신은 1년 내내 요가를 할 수도 있다.

아래의 상세하게 묘사된 스트레칭 프로그램은 특별히 골퍼들을 위해 만들어졌다. 프로그램은 두 부분으로 이루어졌다. 첫 번째 부분은 코스 밖에서 허벅지, 종아리, 아킬레스 건, 엉덩이, 몸통, 그리고 허리, 어깨, 팔꿈치와 목에 대한 일반적 운동 과정으로 행해지는 스트레칭을 포함하고 있다. 두 번째 부분은 경기나 연습을 하기 전에 행해지는 사전 스트레칭으로 구성되어 있다.

어떤 스트레칭 프로그램을 하든, 먼저 5~10분 정도 근육이 이완되도록 워밍업을 하고 조깅을 하거나 가벼운 체조를 해서 부드럽게 하라. 그러고 나서 공을 치기 전에 스트레칭 프로그램을 시작하라.

코스 밖에서의 유연성 운동

뒤넙다리 늘리기 Hamstring Stretches

허들러 스트레치(앉아서) Hurdler Stretch(Sitting)

오른 다리를 쭉 펴고 앉은 상태에서 왼쪽 발은 오른쪽 무릎의 안쪽에 붙여라. 상체를 앞으로 굽히고 오른 발을 양손으로 잡아라. 20초 동안 정지하라. 왼쪽 다리도 반복하라.

허들러 스트레치(서서) Hurdler Stretch(Standing)

서서 한쪽 발을 유연성에 맞게 앞에 있는 좌석이나 의자 등받이에 올려라. 머리를 앞으로 숙여 이마가 무릎에 닿도록 하라. 15~20초 동안 유지하라. 3회 반복하고, 반대쪽 다리도 반복하라.

종아리 늘리기 Calf and Achilles Stretches

월 푸시 업 Wall Push-Up

한 발을 가능한 한 벽에서 멀리 떨어진 곳에 뒤꿈치는 바닥에 밀착시켜놓고, 다른 한쪽 발은 벽에서 몇 인치 부근에 둔다. 팔꿈치를 굽혀 벽 쪽으로 다가가면서 양손으로 버티는데, 뒤꿈치가 바닥에서 떨어지지 않도록 하라. 15~20초 동안 늘려진 상태를 유지한 후, 무릎을 벽 쪽으로 굽히면서 뒤꿈치를 바닥에 붙어있도록 하라. 당신의 종아리가 훨씬 더 늘어나는 것을 느끼게 될 것이다. 15~20초 동안 유지하라. 3회 반복하라.

힐 드롭 Heel Drop

마치 당신이 다이빙 보드에서 백다이브를 하려고 하는 것처럼, 한층 높여진 물체 위에 앞꿈치로 서라. 체중을 뒤꿈치로 옮겨, 물체의 표면 아래로 내려가도록 해서 종아리의 뒷부분이 늘어나도록 하라. 15~20초 동안 정지했다가 올라오라. 종아리가 충분히 피로를 느낄 때까지 반복하라.

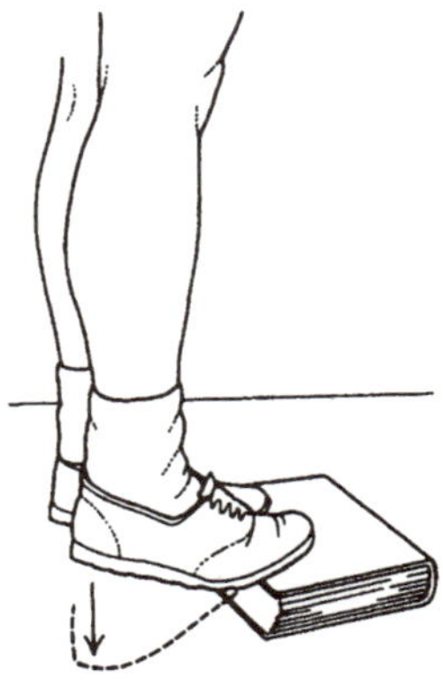

엉덩이 늘리기 Hip Stretches

힙 플렉서스 스트레치 Hip Flexors(Quadriceps) Stretch

벽에 가까이 서서 손으로 한쪽 발을 엉덩이 쪽으로 당겨라. 다른 손으로는 벽에 기대어 균형을 잡고 등이 활 모양이 되도록 하라. 15~20초 동안 정지하였다가 이완하라. 5회 반복하라.

힙 익스텐션 Hip Extension

한쪽 다리를 걸치고, 등을 테이블에 붙이고 누워라. 서서히 다리를 엉덩이에서 바닥 쪽으로 내려라. 엉덩이가 늘려졌다고 느낄 때, 15초 동안 정지하라. 가능하다면, 더 늘려주기 위해서 파트너가 무릎을 밀도록 하라. 다리를 테이블 높이로 돌려놓고 늘려주기를 5회 반복하라. 쉬워지면 한 차례에 2회씩 늘려가라.

런지 스트레치 Lunge Stretch

양손을 옆에 두고 서라. 발이 무릎 아래에 위치할 때까지 왼다리를 앞으로 뻗어라. 양손으로 지탱하면서 20초 동안 정지하라. 반대쪽도 실시하라. 양쪽 3회 반복하라.

로터스 스트레치 Lotus Stretch

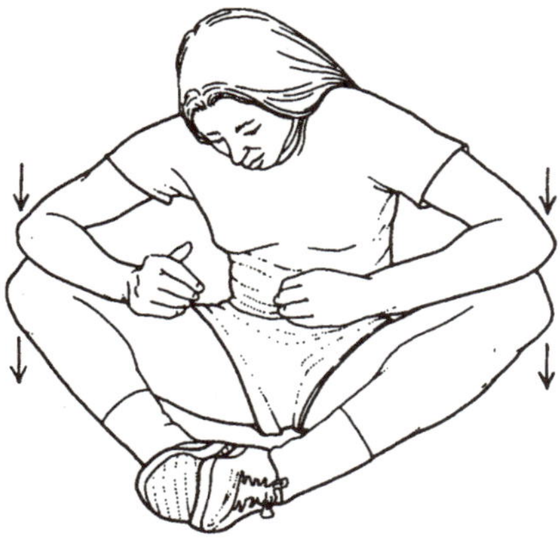

앉은 자세에서 무릎을 굽혀 발바닥이 서로 닿게 하라. 팔꿈치로 무릎을 눌러 점점 더 벌어지도록 하라. 20~30초 동안 정지하라. 3회 반복하라.

니 오버 레그 스트레치 Knee-over-Leg Stretch(Iliotibial Band Stretch)

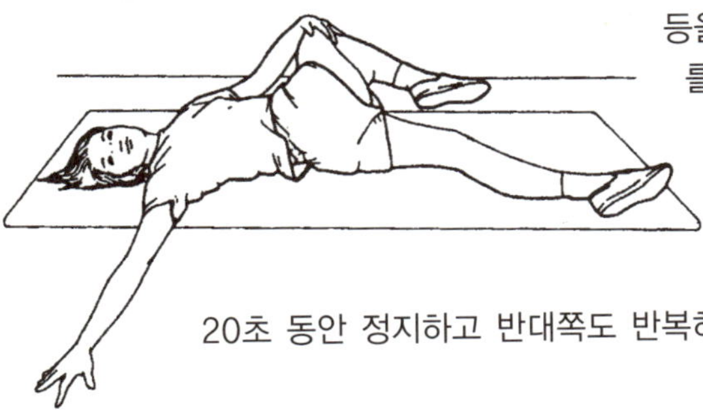

등을 대고 누운 채로 오른 다리를 굽혀 몸통을 가로질러 왼쪽으로 가져가라. 왼손으로 오른 무릎을 잡아당겨서 어깨 쪽으로 굽히도록 하고 머리는 오른쪽으로 넘긴다. 20초 동안 정지하고 반대쪽도 반복하라. 각각 3회 반복하라.

사이드 새들 스트레치 Side Saddle Stretch

다리를 90cm 정도 벌리고 서고, 점진적으로 한쪽 무릎을 굽혀서 몸을 그 쪽으로 기울도록 하라. 몸통은 곧게 세워라. 20~30초 동안 늘려주기를 유지하라. 3회 반복하라.

몸통과 허리 늘리기 Trunk and Lower Back Stretches

포어헤드 투 니 스트레치 Forehead-to-Knee Stretch

바로 서서 무릎을 감싸고 이마가 무릎에 닿도록 하라. 15~20초 동안 정지하라. 3회 반복으로 시작하여 12회를 반복할 수 있을 때까지 매일 점진적으로 늘려가라.

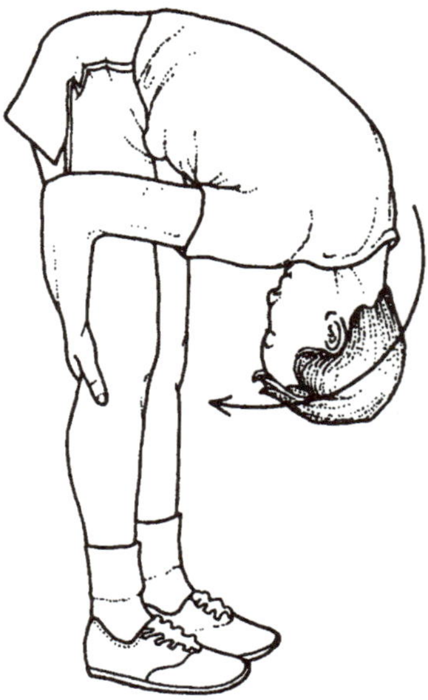

토 터치 위드 로테이션 Toe Touch with Rotation

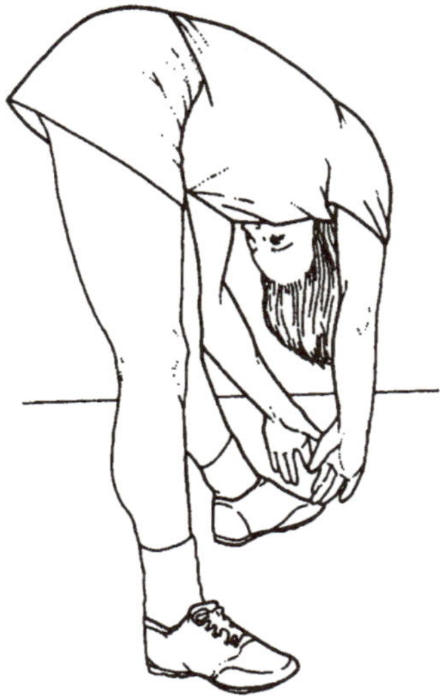

다리를 벌리고 서서 머리가 오른 무릎을 향하도록 허리를 굽혀라. 15~20초 동안 정지하라. 다시 반대로 서서 왼쪽 무릎 방향으로 허리를 굽혀라. 15~20초 동안 정지하라. 3회 반복으로 시작하여 12회를 반복할 수 있을 때까지 매일 점진적으로 늘려가라.

트렁크 로테이션 위드 골프 클럽 Trunk Rotation with Golf Club

골프 클럽을 어깨에 걸치고 천천히 오른쪽으로 돌려라. 15~20초 동안 정지하라. 그리고 천천히 왼쪽으로 돌리고 다시 15~20초 동안 정지하라. 3회 반복하라.

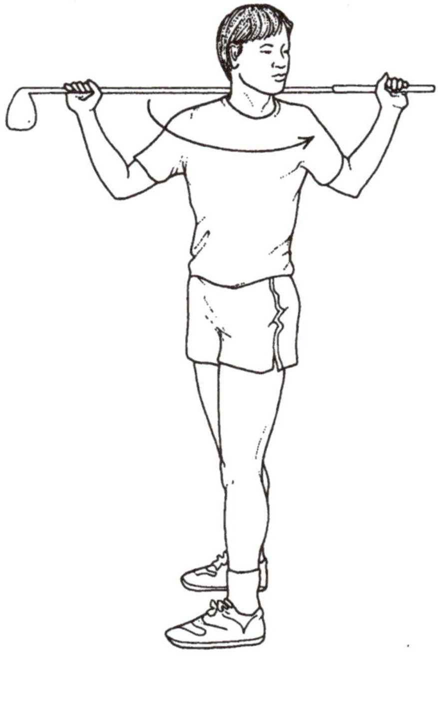

벤트 웨이스트 로테이션 Bent-Waist Rotation

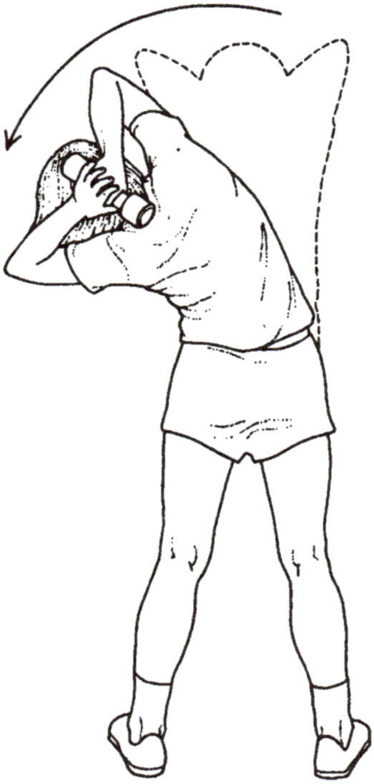

목 뒤에 작은 아령(남자 5kg, 여자 2.5kg)을 잡고 허리를 굽혀라. 좌우를 바꿔가며 최대한 늘린 상태에서 15~20초 동안 정지하라. 5회 반복하라.

사이드 스트레치 Side Stretch

손을 머리 위로 뻗어 올리고 서라. 왼손으로 오른 손목을 감싸 쥐고 오른쪽으로 기울여라. 20초 동안 정지하고 방향을 바꿔서 반복하라. 3회 반복하라.

익스텐션 스트레치 Extension Stretch

가능한 다리를 최대한 벌리고 앉아서 뒤꿈치가 바닥에 닿도록 하라. 발목을 잡고 앞으로 굽혀라. 20초 동안 정지하라. 3회 반복하라.

브이 스트레치 "V" Stretch

다리를 V자로 벌리고 앉아서, 뒤꿈치가 바닥에 닿도록 하라. 한 쪽으로 몸을 굽혀서 발목이나 발을 잡아라. 20초 동안 정지하고 나서 반대쪽 발목이나 발을 잡고 20초 동안 정지하라. 3회 반복하라.

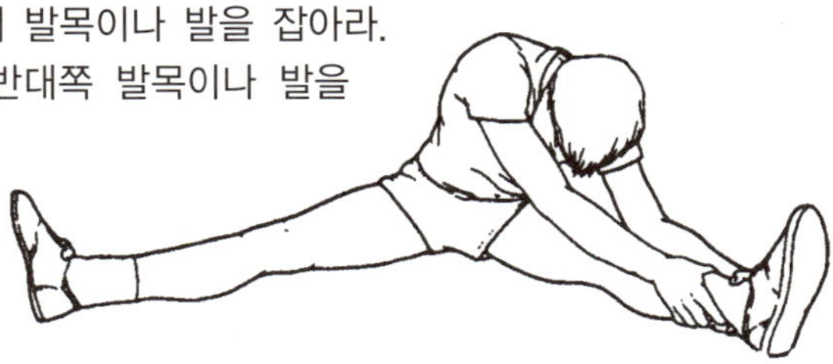

포워드 스트레치 Forward Stretch

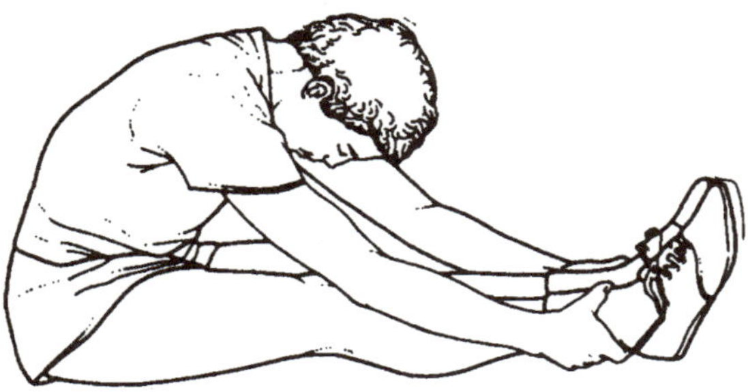

다리를 나란히 쭉 뻗고 앉아라. 허리를 굽혀서 발목이나 발을 잡아라. 20초 동안 정지하라. 3회 반복하라.

니 풀 Knee Pull

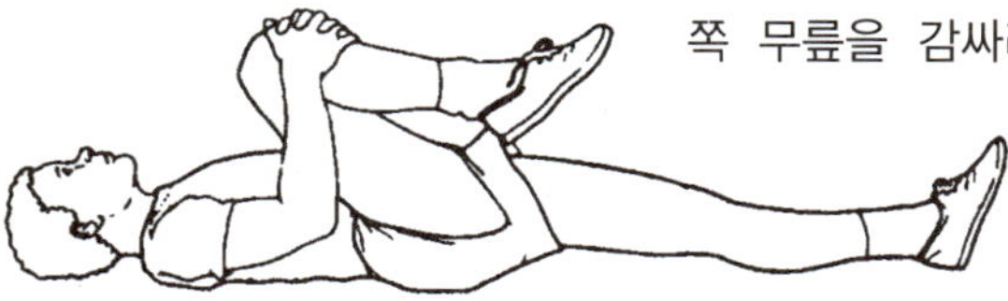

바닥에 등을 대고 누워서 손가락 깍지를 끼고 한쪽 무릎을 감싸라. 등은 평평하게 유지하면서 무릎을 가슴으로 당기고 20초 동안 정지하라. 반대쪽으로 바꾸고 늘려주기를 반복하라. 3회 반복하라.

어깨 늘리기 Shoulder Stretches

암 어크로스 체스트 Arm Across Chest

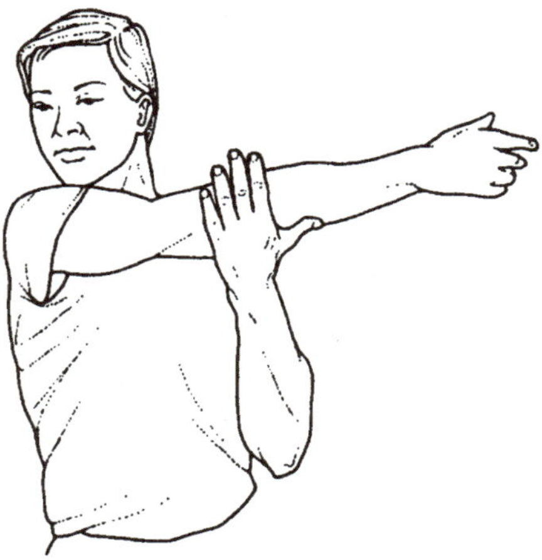

팔을 가슴 앞으로 가져가서 반대쪽 손으로 팔꿈치를 지그시 당겨라. 20초 동안 정지하라. 3회 반복하라.

쇼울더 로테이션 Shoulder Rotation

현관이나 기둥을 바라보면서, 현관이나 기둥을 잡고 어깨의 앞쪽이 늘어나도록 현관이나 기둥으로부터 몸을 돌려라. 20초 동안 정지하라. 3회 반복하라.

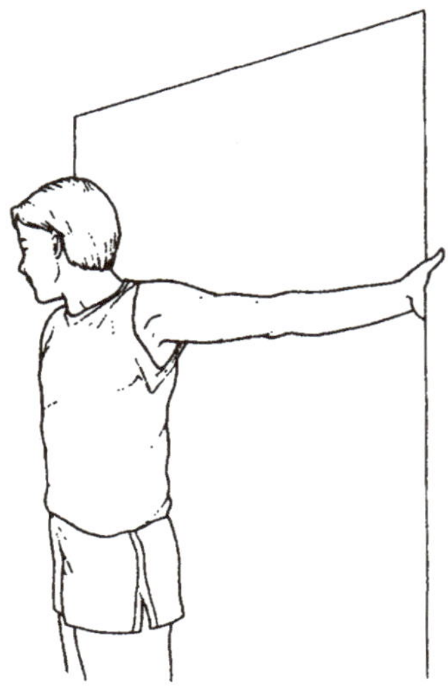

암 오버헤드 Arm Overhead

한 쪽 팔을 머리 위로 들어 올리고, 반대쪽 손으로 팔꿈치를 지그시 당겨라. 20초 동안 정지하라. 반대쪽도 시행하라. 3회 반복하라.

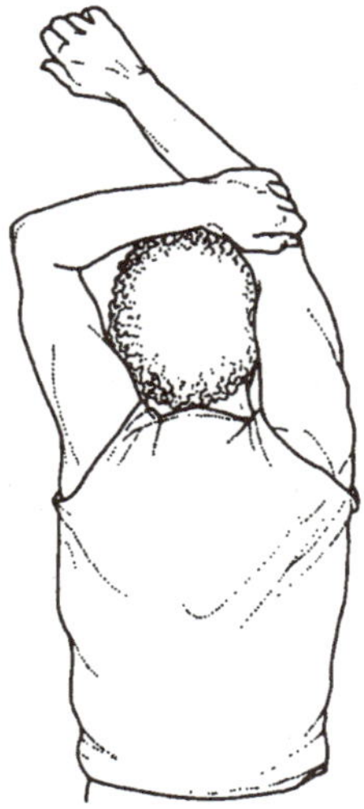

팔꿈치 늘리기 Elbow Stretches

팜 업 Palm Up

팔을 쭉 뻗어서 팔꿈치를 고정시켜 바닥과 평행하게 하고, 손바닥은 위를 향하게 하라. 다른 손으로 손바닥과 손가락을 잡고 손을 바닥 쪽으로 늘어나도록 당겨라. 15~20초 동안 정지하라. 3회 반복하라.

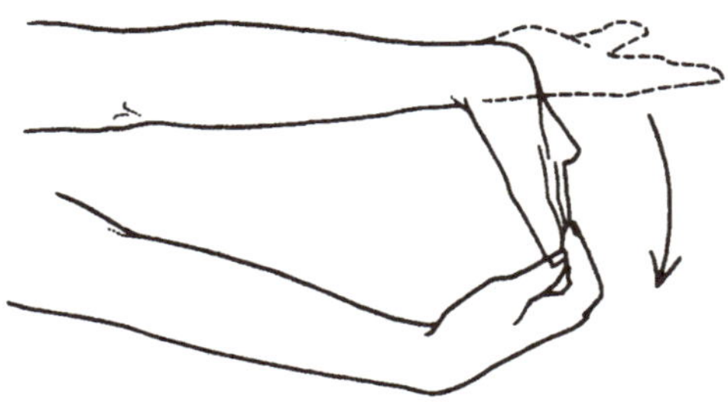

팜 다운 Palm Down

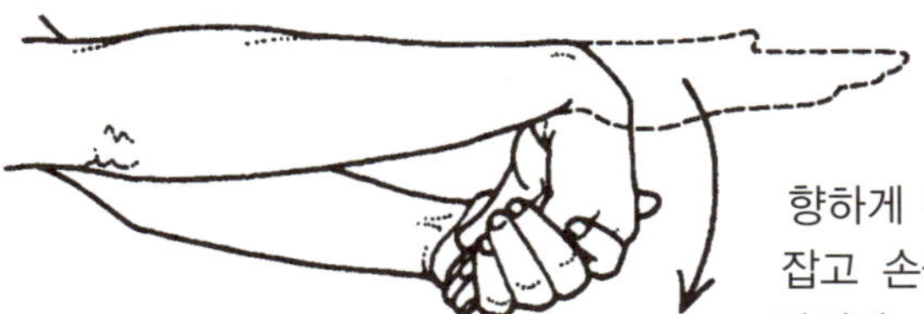

팔을 쭉 뻗어서 팔꿈치를 고정시켜 바닥과 평행하게 하고, 손바닥은 아래를 향하게 하라. 다른 손으로 손가락을 잡고 손을 바닥 쪽으로 늘어나도록 당겨라. 15~20초 동안 정지하라. 3회 반복하라.

목 늘리기 Neck Stretches

친 드롭 Chin Drop

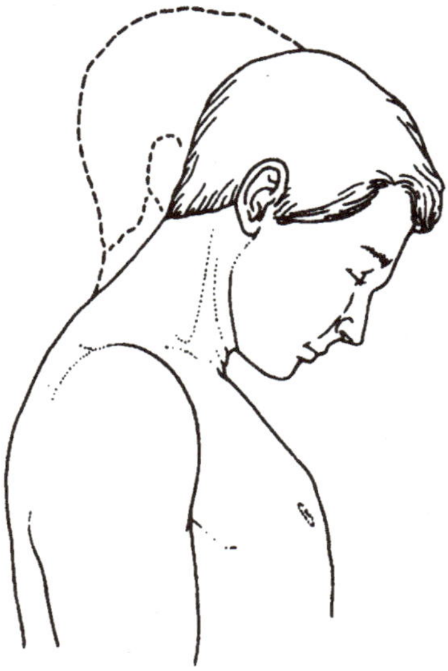

지그시 턱을 가슴 쪽으로 내려라. 턱이 한쪽 어깨에서 반대쪽 어깨로 반원을 그리면서 5회 움직여라.

트라페지우스 스트레치 Trapezius Stretch

의자에 앉아서 좌석을 한 손으로 잡아라. 머리와 몸통을 반대쪽 옆으로 기울이고 15~20초 동안 정지하라. 3회 반복하라. 반대쪽도 반복하라.

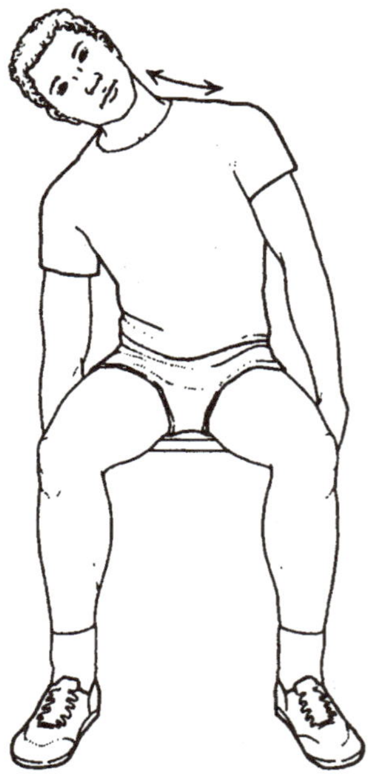

경기 전 스트레칭

경기 전 스트레칭(pre-round stretching) 프로그램은 외상으로 인한 근육 손상을 피하는 최선의 방법이다. 대부분 골퍼들은 스트레칭을 하게 되면, 경기 전에 근육을 과도하게 늘리는 경향이 있다. 골프공을 치기 전에 바른 스트레칭 방법과 잘못된 방법이 있다. 대부분의 골퍼들이 하는 방법으로 허리를 스트레칭 하면, 도움이 되기보다는 오히려 해를 끼치게 된다. 대체로 골퍼들은 클럽을 허리에 걸고 이리저리 빠르게 돌린다. 차라리 스트레칭을 전혀 하지 않는 것이 낫다. 항상 과격한 스트레칭을 하는 동안 수용체는 근육을 발열시키고 단축시켜서, 당신이 원하는 반대 결과를 초래한다.

아래의 운동들은 정확하게 스트레칭을 하도록 돕기 위해서 구성되었고, 결과적으로 경기장에서 당신의 능력을 향상시켜 줄 것이다. 티타임(tee time) 직전 부랴부랴 경기장에 도착했다면, 근육을 스트레칭을 하기 보다는 워밍업을 하도록 하라. 워밍업으로 이완된 근육은 연습 스윙을 하는 그 자체만으로도 스트레칭을 시켜줄 것이다. 차가운 근육을 늘리려고 시도하기 보다는 제자리 뛰기나 거수 도약 운동[1]을 하는 것이 낫다. 물론, 가장 좋은 것은 시간에 맞춰 도착해서 워밍업을 하고 스트레칭도 하는 것이다.

불행하게도, 대부분의 골퍼들은 워밍업을 전혀 하지 않는다. 스트레칭이나 웨이트 트레이닝을 하지 않는 골퍼들은 경기에 나서기 전에 긴장을 풀지 못하는 것으로 알려져 있다. 반면에 대부분의 프로 골퍼들은 어떤 공을 치든지 적어도 45분간 워밍업과 스트레칭을 한다.

넙다리와 종아리 ***Hamstrings and Calves***

허들러 스트레치(서서) Hurdler Stretch(Standing) 14페이지 참조

월 푸시 업 Wall Push-Up 15페이지 참조

1) 거수 도약 운동(jumping jack): 차려 자세에서 뛰면서 발을 벌리고 머리 위에서 양손을 마주 쳤다가 다시 원상태로 돌아오는 동작.

엉덩이 Hips

힙 플렉서스 스트레치 Hip Flexors(Quadriceps) Stretch 16페이지 참조
사이드 새들 스트레치 Side Saddle Stretch 18페이지 참조

몸통과 허리 Trunk and Lower Back

포어헤드 투 니 스트레치 Forehead-to-Knee Stretch 18페이지 참조
토 터치 위드 로테이션 Toe Touch with Rotation 19페이지 참조
트렁크 로테이션 위드 골프 클럽 Trunk Rotation with Golf Club 19페이지 참조
사이드 스트레치 Side Stretch 20페이지 참조

어깨 Shoulders

암 어크로스 체스트 Arm Across Chest 22페이지 참조
쇼울더 로테이션 Shoulder Rotation 22페이지 참조
암 오버헤드 Arm Overhead 23페이지 참조

팔꿈치 Elbows

팜 업 Palm Up 23페이지 참조
팜 다운 Palm Down 23페이지 참조

자기 강화와 경기력 향상

골프공을 18홀 동안 시종일관 효과적으로 치기 위해서는 공동으로 작용하는 근육의 조정과 근력, 그리고 전신지구력을 필요로 한다. 풀 스윙을 할 때는 적어도 32개의 주요 근육이 관여를 한다. 이 근육들은 부드럽고 효과적인 스윙을 구사하기 위해 차례차례 알맞게 사용되어야 한다.

근력은 골프에서 정확도만큼이나 중요하다. 근력은 공을 더 멀리 치게 할 뿐만이 아니라, 당신이 겪어야 할 부상의 횟수를 줄이기도 한다.

골프가 근력으로만 하는 경기는 아니지만, 근력은 골퍼로 하여금 연장전에서도 훨씬 더 안정적이면서 폭발적인 힘을 발휘하게 한다. 전신 근력 훈련을 30분간 일주일에 3회 하는 골퍼들은 8주 만에 스윙의 속도를 시속

8km를 증가시켰고, 결과적으로 드라이브 거리도 길어졌다.

근육을 증가시킬 수 있는 사람은 결국 샷의 거리도 증가시킬 수 있다. PGA 투어에서 평균 드라이브 거리는 1980년 247m에서 거의 12m가 증가하였는데, 이것은 아마도 티타늄 드라이버와 체육관에서 근력 운동을 하는 선수들의 증가가 조합된 결과로 나타나는 것이다. 일반적으로 골퍼들은 체육관에서 무거운 무게를 들어 올리는 데 시간을 소모하여 근육의 부피를 키우는 데 관심을 가져서는 안 된다. 대신 가벼운 무게를 수 없이 반복하여 근육의 부피를 키우거나 망치지 않도록 해야 한다.

체육관의 웨이트 기구는 쉽게 활용할 수 있지만, 근육에 영향을 미칠 수 있는 힘의 방향은 제한한다. 덤벨과 바벨과 같은 프리 웨이트[2] 운동은 웨이트의 움직임의 다양한 경로를 허용하고, 신체 좌우의 근력의 차이를 더욱 쉽게 조정할 수 있다.

다리의 강화는 가장 중요하다. 골프 스윙의 힘은 다리에서 나온다. 따라서 키가 큰 선수는 작은 선수에 비해 역학적으로 우위를 점한다. 그러나 키가 작은 선수라도 거인 사냥꾼(Giant killers)이 될 수 있다. 자, 저스틴 레너드[3], 개리 플레이어[4], 그리고 불멸의 벤 호건[5]을 보라. 그들은 근력을 향상시켜서 "거포(Big Hitter)"의 위치를 지켜오고 있다.

수많은 골퍼들이 허리에 문제가 있다. 클럽의 스윙은 체중의 8배에 해당하는 스트레스를 허리에 줄 수 있다. 또한 땅을 클럽으로 강하게 치면 진동이 척추까지 전달될 수도 있다. 골프 카트의 바퀴가 일그러져 거친 주행을 하면 불필요한 스트레스가 허리 근육에 가해질 수도 있다.

---

2) 프리 웨이트(free weights): 기계운동을 제외한 역기와 아령 같이 단순한 중량기기를 사용하여 자연스럽고 자유로운 신체의 움직임을 이용하여 훈련하는 것.

3) 저스틴 레너드(Justin Leonard): 신장 180㎝, 체중 77㎏. 1972년 텍사스주 댈러스 출생. 1994년 프로 데뷔. 2005년 봅호프크라이슬러클래식 우승 등, 총10회 우승.

4) 개리 플레이어(Gary Player): 신장 174㎝, 체중 68㎏. 1935년 남아프리카 공화국 요하네스버그 출생. 1953년 프로 데뷔. 총19회 우승.

5) 윌리엄 벤 호건(William Ben Hogan. 1912~1997): 170㎝, 체중 64㎏. 불우한 어린 시절을 보냈으나 PGA 투어 메이저대회 9승을 포함하여 총 63회 우승하면서 사상 두 번째로 그랜드슬램을 달성하였다. 1965년에 역사상 가장 위대한 골퍼로 선정되었다.

공을 칠 때 큰 몸통 근육을 쓴다면, 팔과 어깨의 작은 근육으로 만들 수 있는 것보다 더 큰 힘을 만들어 낼 수가 있다. 타이거 우즈[6]의 전설적인 스윙은 그의 강인한 팔보다는 강하고 유연한 몸통이 몸을 깔끔하게 감았다 푸는 것을 가능하게 하고, 거기서 파생된 힘은 공을 거의 274m의 페어웨이까지 날린다. 그래서 나는 몸통 강화 운동 몇 가지를 포함하였다.

스윙을 할 때 클럽을 당길 만큼 힘을 끌어내기 위해서는 강한 어깨가 필요하다. 아래팔과 손목은 공에 힘을 싣는데 사용되기 때문에 골프에서 특히 중요하다. 또 스윙의 경로와 샷의 정확성을 조정한다. 당신의 스윙이 강해지길 원한다면 클럽을 강하게 잡거나 빡빡한 그립으로 스윙을 해서는 안 된다.

강화 운동

아래의 강화 운동(strengthening exercises)은 비(非)시즌에는 적어도 일주일에 세 번은 실시하여야 한다. 자주 경기를 할 때는 각 운동의 반복 빈도와 횟수를 줄여라. 그러나 순수 주말 골퍼는 똑같은 횟수를 반복하고 근력을 유지하기 위해 매주 2회 전체 프로그램을 시행하라.

만약 어느 것도 하지 않는다면, 적어도 몸통 돌리기와 아래팔과 손목 운동은 시행하라. 이 운동들을 1년 내내 시행된다면, 비(非)시즌 동안에 강하게 유지할 수 있는 최선의 방법이다.

6) 타이거 우즈(Eldrick Tiger Woods, 1975~): 미국의 프로골프 선수로 1996년 PGA 투어 신인상을 받고 그 후 여러 대회를 석권하면서 프로 골프계를 흔들었다. 2000년에는 최연소 그랜드 슬램을 달성하고 메이저 대회 3관왕을 한 두 번째 선수가 되었다.

허리와 배 Lower Back and Lower Abdomen

어브도미널 브레이싱 Abdominal Bracing

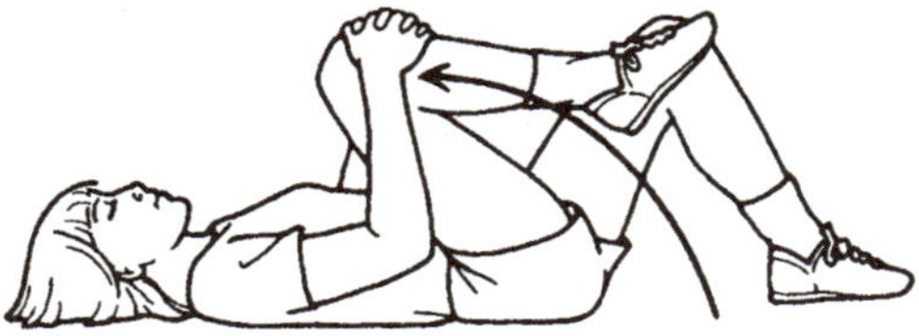

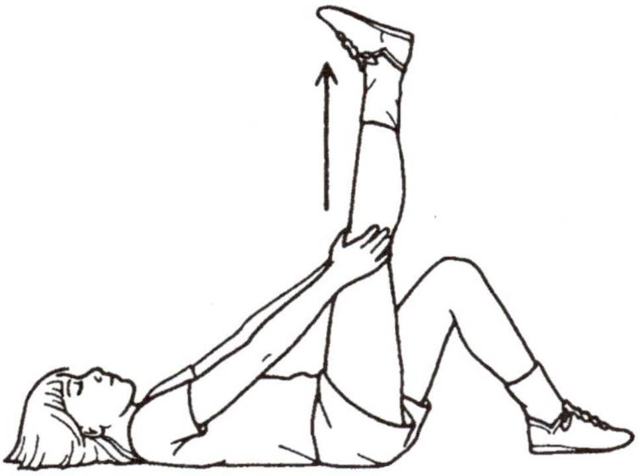

등을 바닥에 붙여 눕고, 무릎을 굽혀서 발을 바닥에 붙여라. 배 근육을 수축시켜서 한 다리를 가슴으로 끌어 당겨라. 엉덩이를 들거나 돌리지 말고 무릎을 쫙 펴라. 다리를 처음 자세로 가져가 멈추었다가, 같은 동작으로 다른 다리를 들어 올려라. 10회 반복, 3세트를 시행하라.

브릿징 Bridging

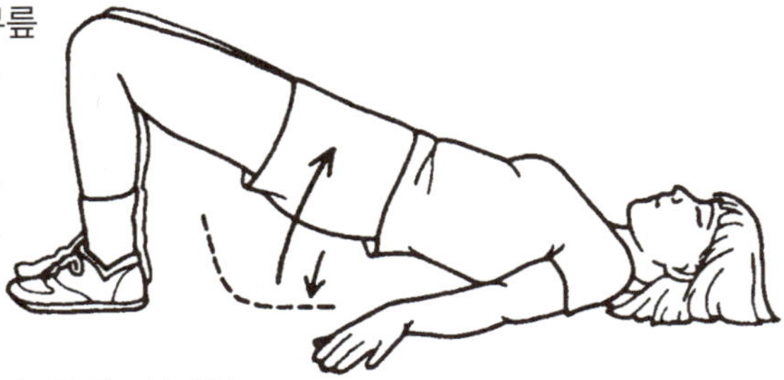

등을 바닥에 붙여 눕고, 무릎을 굽혀서 발을 바닥에 붙여라. 배 근육을 수축시키고, 엉덩이 근육을 이용하여 허리를 굽히지 말고 바닥에서 천천히 들어 올려라. 배와 엉덩이 근육을 이용해서 골반을 들어 올린 상태를 유지하라. 1초 동안 유지하였다가, 처음 자세로 돌아가라. 10회 반복, 3세트를 시행하라.

쿼드럽트 레그 프레스 Quadruped Leg Press

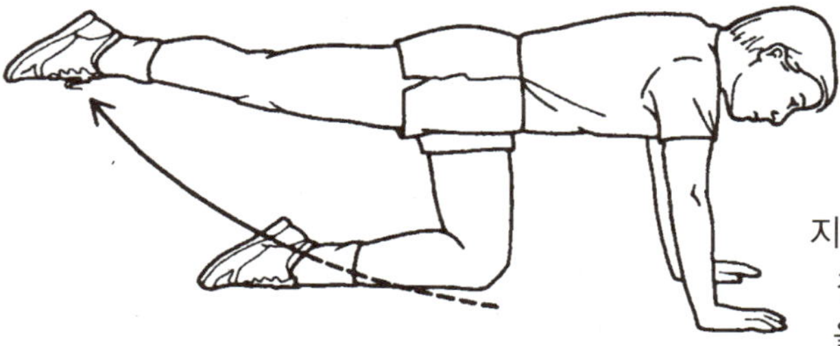

등을 펴고 사지를 이용해 엎드린다. 배 근육을 수축시키고, 엉덩이와 허벅지 근육을 긴장시키면서 천천히 다리를 들어 올려 뻗는다. 다리를 움직이는 동안 몸통이 안정된 상태를 유지하도록 집중하라. 한 다리를 10회 반복하고, 다른 다리도 10회 반복하라. 3번 반복하라.

어브도미널 크런치 Abdominal Crunch

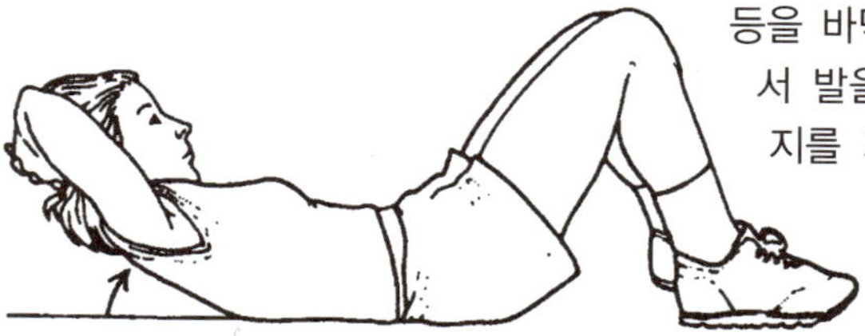

등을 바닥에 붙여 눕고, 무릎을 굽혀서 발을 바닥에 붙여라. 양손은 깍지를 끼고 머리 뒤에 둔다. 배 근육을 이용하여 등 윗부분을 바닥에서 들어올려라. 바닥에서 어깨뼈(견갑골)만 들어 올려라. 5초 동안 정지하고 다시 처음 자세로 돌아가라. 발은 바닥에 붙인 상태로 안정되고 부드럽게 움직여라. 10회 반복, 3세트를 시행하라.

펠빅 틸트 Pelvic Tilt

무릎을 구부려 발을 바닥에 대고 누워 있는 상태에서, 등의 근육은 이완시키고, 배와 엉덩이 근육은 긴장시켜서 등으로 바닥을 평평하게 밀도록 하라. 이러면 골반이 앞쪽으로 들리게 된다. 5초 동안 정지하라. 10회 반복, 3세트를 시행하라.

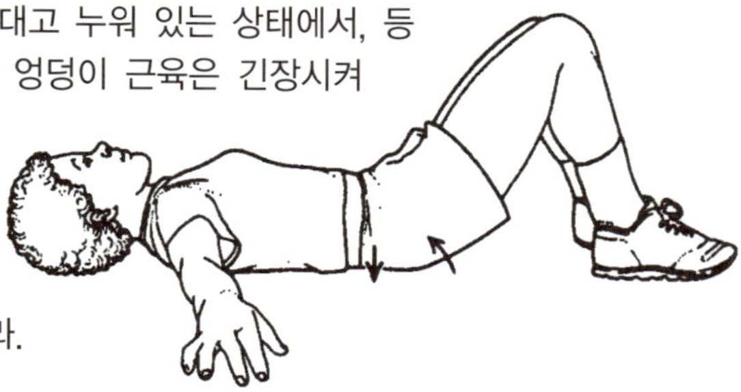

백 익스텐션 Back Extension

양손을 깍지 껴서 머리 뒤로 가져다 두고, 배를 바닥에 대고 엎드려라. 등을 둥글게 만들면서 머리와 어깨를 바닥에서 천천히 들어 올려라. 이것을 할 수 없다면 체중의 일부를 손과 팔꿈치로 지탱하라. 5초 동안 정지하라. 10회 반복, 3세트를 시행하라.

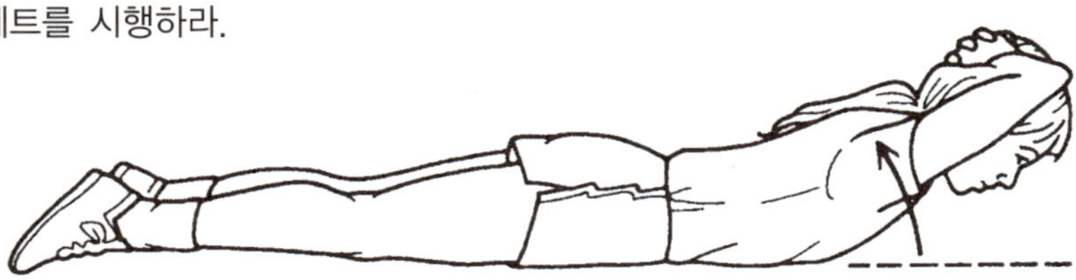

뒤넙다리 Hamstrings

레그 컬 Leg Curl

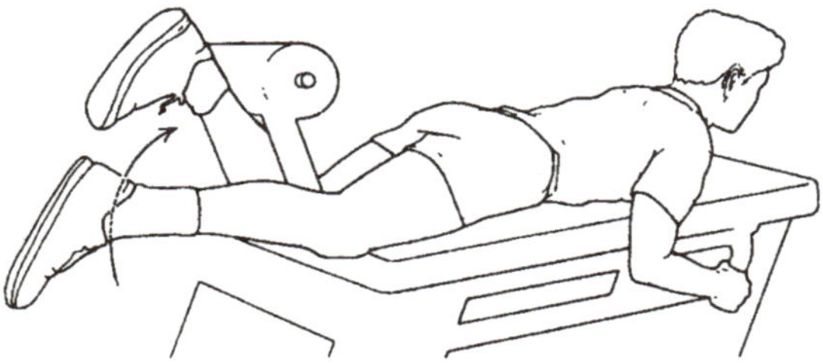

머리는 밖으로 내밀고 배를 벤치에 붙이고 엎드려라. 벤치의 아래쪽을 잡고 몸을 고정시켜라. 오른 다리는 뻗고 왼 다리는 무릎을 굽혀라. 오른 발은 벤치에 그대로 두고 왼 허벅지로 가능한 높게 웨이트를 들어 올려라. 정상에서 정지하였다가 다리를 내려라. 10회 반복, 3세트를 시행하라. 반대쪽 다리도 반복하라.

넙다리 Quadriceps

레그 익스텐션 Leg Extension

벤치나 레그 익스텐션 머신(leg extension machine)에 다리를 90도 각도로 앉고 발바닥이 바닥과 평행하도록 발목을 굽혀라. 벤치의 아래쪽을 잡아 몸을 고정시키고 한 다리를 최대한 펴서(발가락이 위를 향하도록) 웨이트를 빠르게 들어 올려라. 3초 동안 정지하고 천천히 다리를 내려라. 10회 반복, 3세트를 시행하라.

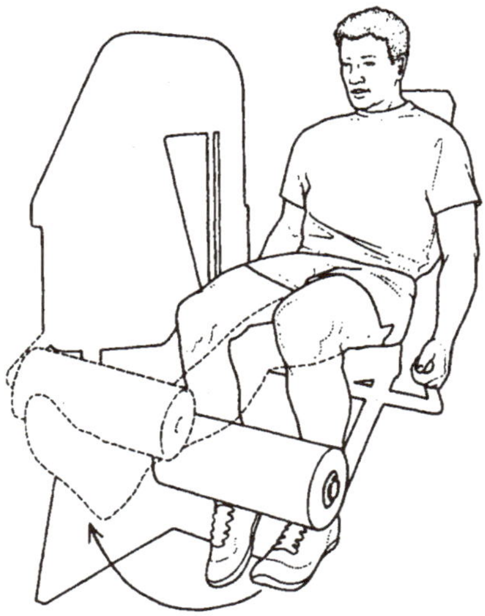

90-90 월 시팅 90-90 Wall Sitting

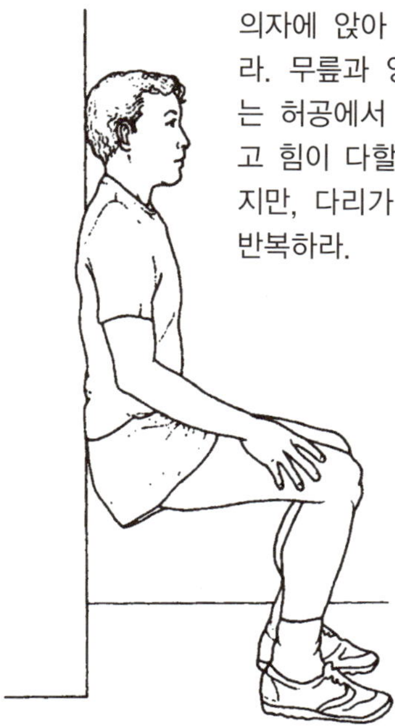

의자에 앉아 있는 것처럼 무릎을 굽히고 등으로 벽에 기대라. 무릎과 엉덩이가 90도 각도를 유지하도록 하라(실제로는 허공에서 벽에 기대고 앉는 것이다). 허벅지가 화끈거리고 힘이 다할 때까지 버텨라(처음 시작할 때는 30초 정도이지만, 다리가 강해지면 5~10분까지 늘어난다). 하루에 3회 반복하라.

종아리 Calves

토 레이즈 Toe Raise

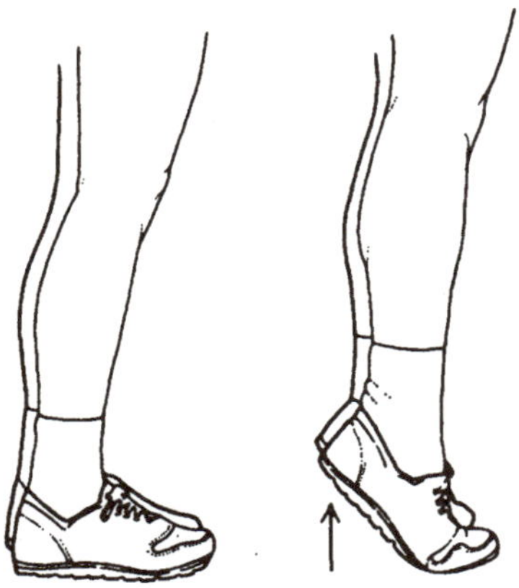

10초 동안 발가락으로 서 있다가 바닥에 평행하게 내려라. 종아리 근육에 피로를 느낄 때까지 반복하라.
종아리 근육이 강화되기 시작하면 한 다리로 체중을 지탱하면서 한 다리를 바닥에서 뗄 수도 있다. 그리고 덤벨이나 바벨을 들어서 몸무게를 늘릴 수도 있다. 한 다리로 전체를 들어 올리면서 다른 다리로는 균형을 잡아라. 다리를 바꿔 실시하라.

어깨 Shoulders

모든 어깨 운동은 등과 팔의 근육을 사용하지 않고 어깨의 근육만 사용해야 하며, 전체 무게가 7kg을 넘지 않도록 하라. 아래의 운동들은 피로를 느낄 때까지 하거나 하루에 50회 반복하라.

프론트 리프트(팜 다운) Front Lift(Palm Down)

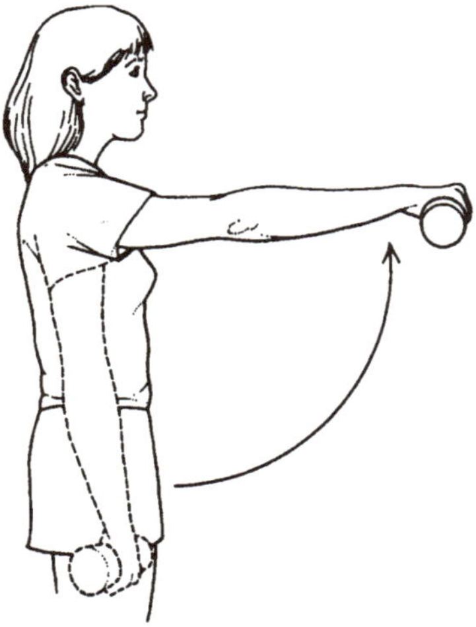

한 손에 덤벨을 잡고, 팔꿈치는 고정시킨 상태로 손바닥이 뒤쪽을 향하게 하라. 바닥과 평행한 높이를 넘지 않도록 팔을 쭉 뻗어 덤벨을 들어 올려라. 천천히 시작위치로 덤벨을 내려라.

프론트 리프트(팜 업) Front Lift(Palm Up)

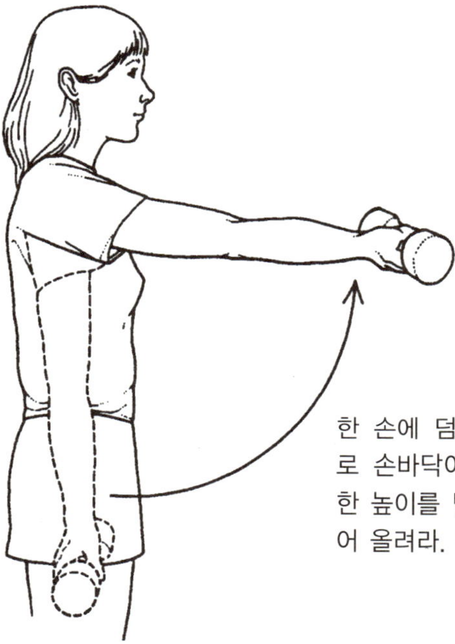

한 손에 덤벨을 잡고, 팔꿈치는 고정시킨 상태로 손바닥이 앞쪽을 향하게 하라. 바닥과 평행한 높이를 넘지 않도록 팔을 쭉 뻗어 덤벨을 들어 올려라. 천천히 시작위치로 덤벨을 내려라.

래터럴 리프트 Lateral Lift

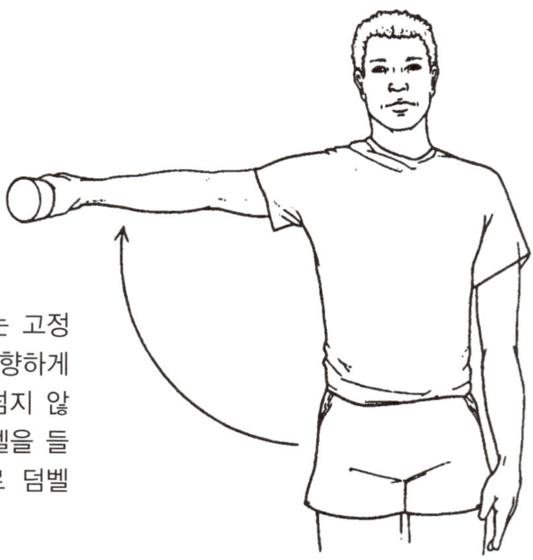

한 손에 덤벨을 잡고, 팔꿈치는 고정시킨 상태로 손바닥이 몸쪽을 향하게 하라. 바닥과 평행한 높이를 넘지 않도록 팔을 옆으로 쭉 뻗어 덤벨을 들어 올려라. 천천히 시작위치로 덤벨을 내려라.

벤트 오버 래터럴 리프트 Bent-Over Lateral Lift

제자리 서서 허리를 90도 각도로 굽혀라. 팔꿈치는 고정시킨 상태로 덤벨을 잡고, 옆으로 팔을 쭉 뻗어 들어 올려라. 바닥과 평행한 높이를 넘지 않도록 하라. 천천히 시작위치로 덤벨을 내려라.

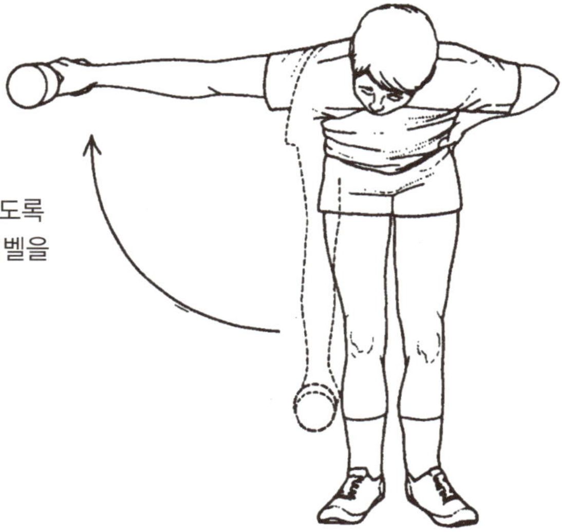

벤트 오버 체스트 리프트 Bent-Over Chest Lift

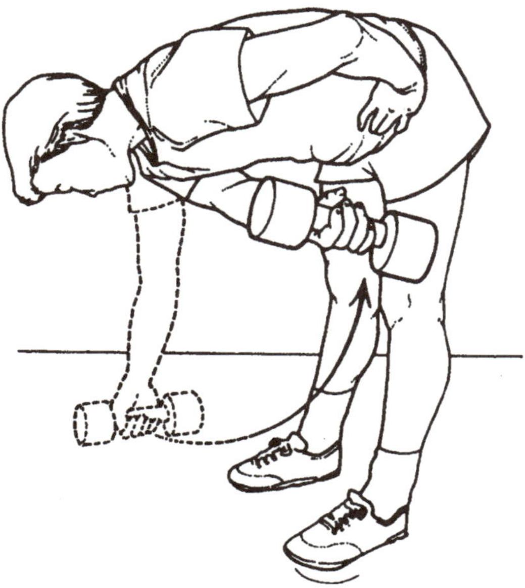

제자리 서서 허리를 90도 각도로 굽혀라. 팔꿈치는 고정시킨 상태로 덤벨을 잡고, 가슴을 가로질러 팔을 쭉 뻗어 들어 올려라. 천천히 시작위치로 덤벨을 내려라.

팔꿈치 Elbow

팔꿈치 운동은 남자 2kg, 여자 1kg 정도의 작은 덤벨을 필요로 한다. 근력이 증가하면 무게도 단계적으로 올려라.

암 컬 Arm Curl

손바닥이 앞쪽을 향하도록 덤벨을 들고 서라. 팔꿈치를 굽혀서 어깨까지 덤벨을 들어 올려라. 천천히 시작위치로 덤벨을 내려라. 50회 혹은 지칠 때까지 반복하라.

리버스 암 컬 Reverse Arm Curl

손바닥이 앞쪽을 향하도록 덤벨을 들고 서라. 팔꿈치를 굽혀서 어깨까지 덤벨을 들어 올려라. 천천히 시작위치로 덤벨을 내려라. 50회 혹은 근력이 다할 때까지 반복하라.

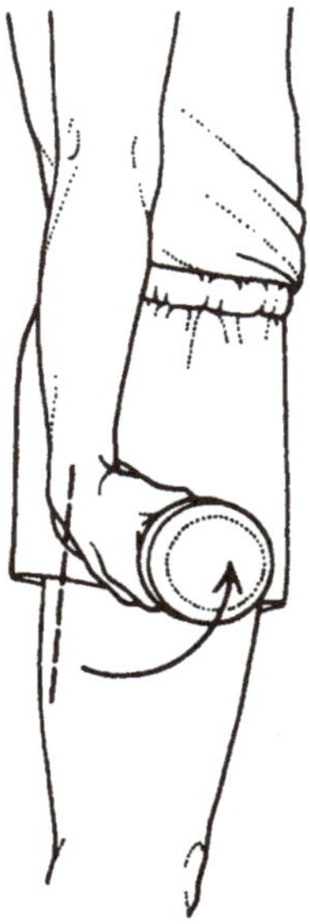

리스트 컬 Wrist Curl

덤벨을 잡은 상태로 팔을 측면으로 내리고 팔꿈치는 고정시켜라. 손바닥이 앞쪽을 향하도록 하고, 손목을 앞으로 굽혔다가 뒤로 펴라. 50회 혹은 근력이 다할 때까지 반복하라.

리버스 리스트 컬 Reverse Wrist Curl

덤벨을 잡은 상태로 팔을 측면으로 내리고 팔꿈치는 고정시켜라. 손등이 앞쪽을 향하도록 하고, 손목을 앞으로 굽혔다가 뒤로 펴라. 50회 혹은 근력이 다할 때까지 반복하라.

언밸런스트 리스트 로테이션 Unbalanced Wrist Rotation

덤벨의 한쪽 머리를 잡아 손잡이와 반대쪽 머리는 엄지손가락 쪽으로 나오도록 하여 팔을 바깥쪽으로 뻗어라. 손목을 돌려서 한쪽 머리가 왼쪽으로 돌아갔다가, 다시 오른쪽으로 돌아가게 하고, 다시 가운데로 돌아오도록 하라. 좌우 50회 돌리거나 근력이 다할 때까지 반복하라.

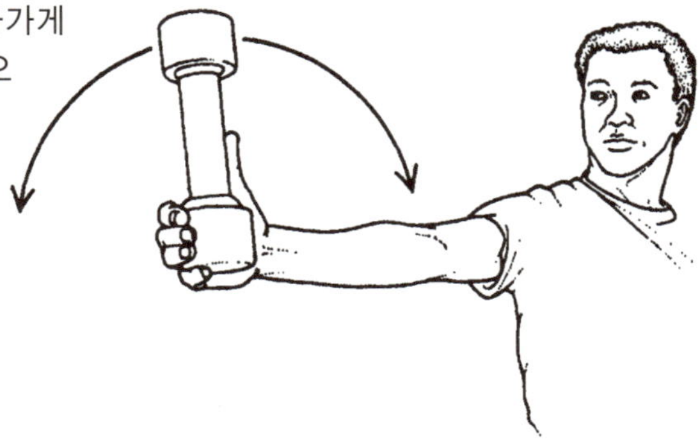

손목 Wrist

롤 업 Roll-UP

빗자루나 걸레자루의 가운데에 90cm 정도의 줄을 묶어라. 2.5kg 덤벨을 줄에 매달아라. 실패를 감듯이 손잡이로 줄을 감았다가 다시 풀어라. 이 운동을 할 때 엄지와 검지는 손잡이에서 떼고 나머지 세 손가락으로 조작하라. 지칠 때까지 반복하라. 필요하면 무게를 늘려라.

볼 스퀴징 Ball Squeezing

손이 피로해질 때까지 부드러운 고무공을 잡고 계속 쥐어짜라. 스포츠 숍에 가면 핸드 퍼티(hand putty)라는 재료를 구할 수 있는데, 이것을 같은 방법으로 쥐어 짤 수도 있다.

스트렝스 워크아웃 포 골프 Strength Workout for Golf

아래의 표는 몸의 특정 부위의 근력을 개선하기 위해 사용하는 다양한 운동 기구의 효과를 보여준다. 당신은 대부분의 헬스클럽에서 이 운동 기구들을 찾을 수 있다. 개인 트레이너는 개인의 욕구에 맞게 당신을 도와줄 수 있다.

신체부위	효과	명칭
엉덩이와 허리	드라이브 강화, 지구력	힙 앤 백 머신 Hip and back machine
넙다리	드라이브 강화, 지구력	레그 익스텐션 Leg Extension
뒤넙다리	골반 회전, 드라이브 강화	레그 컬 Leg Curl
가슴	클럽 컨트롤, 임팩트 속도	더블 쇼울더 래터럴 프레스 Double shoulder lateral press
팔과 가슴	어깨 회전, 클럽 연장	시티드 프레스 Seated press
등	어깨 회전, 클럽 연장	풀 오버 Pull Over
아래팔 굽힘근	클럽 컨트롤, 임팩트 파워, 가속도	리스트 컬 Wrist Curl
아래팔 폄근	클럽 컨트롤, 임팩트 파워, 가속도	리버스 리스트 컬 Reverse Wrist Curl

익스트림 골프(EXTREME GOLF)

당신은 빠른 경기 진행을 자랑스럽게 생각하고 5시간이 소요되는 경기를 매우 싫어한다면, 스피드 골프(speed golf, 익스트림 골프 가운데 하나)가 당신에게 어울릴지 모른다. 스피드 골퍼는 한 시간 안에 18홀을 끝내기 위해 샷과 샷 중간에 손에 클럽을 잔뜩 쥐고 달려간다.

주로 남부 캘리포니아, 플로리다, 그리고 중서부의 몇몇 지역에서 주로 하는데, 골프광들은 글자 그대로 코스를 달린다. 주행 시간도 전체 골프 스코어에 포함된다. 경기에 이기기 위해서는 더 많은 지구력을 필요로 하게 된다. 훌륭한 주자가 되더라도 빠른 경기 진행으로 공을 잘 못 치면, 부적격자가 된다. 최고의 스피드 골퍼는 빠르게 달려야 할 뿐 아니라, 70대 스코어를 유지해야 한다.

스피드 골프는 파워바[7]와 그 소유의 협회(the Speed Golf Association; call 619-793-2711, ext. 102 for information about membership)를 포함한 몇몇 다른 후원자들이 있고, 매년 미국 전역을 돌면서 12차례의 토너먼트를 개최한다.

나는 스피드 골프가 훌륭한 발상이라고 생각한다. 한 가지 운동 행위나 기계에서 다음 것으로 빠르게 움직임으로써 트레이닝 범위 내에서 심장박동수를 유지시켜 주기 때문에 인터벌 트레이닝[8]이나 서킷 트레이닝[9]으로 각인된다. 스피드 골프는 기본적으로 비심혈관성인 스포츠에서 심혈관성 운동(cardiovascular exercise)과 컨디션 조절을 하게끔 한다.

오후에 개인 코스에 나가서 당신이 얼마나 잘 할 수 있는지 보라. 그러나 스피드 골프를 하기 위해 충분한 육체적 컨디션을 유지하고 있는지 먼저 몇몇 심혈관성 운동을 통해서 확인하라. 만약 당신이 규칙적으로 유산소 운동을 해오지 않았다면 골프 코스는 시작하기에 녹녹한 곳이 아니다. 실제, 골프 코스는 심장마비를 일으키기에 딱 좋은 장소다. 그래서 최고 속도로 출발하거나 공을 치기 전에 워밍업과 스트레칭을 실시하라.

익스트림 골프의 또 다른 형태는 겨울 골프(winter golf)다. 내 생각은 코스가 허락하는 한 당신이 원하는 만큼 겨울 속으로 빠져들어 즐길 수 있다. 추위에 맞설 두꺼운 옷과 따뜻한 모자를 준비하라. 특히 프로 풋볼 선수들이 겨울에 사용하는 것 같은 겨울용 골프 장갑을 준비하라. 또 카트용 장갑을 가져갈 수도 있는데, 이것은 크고 부드러운 소재이므로 샷 사이에 착용할 수 있다.

---

7) 파워바(PowerBar®): 1986년 설립된 스포츠 영양제 회사.

8) 인터벌 트레이닝: 운동 중간에 충분한 휴식을 갖지 않고 가벼운 운동을 하면서 불완전한 휴식을 취하거나 피로가 충분히 회복되기 전에 다시 운동을 실시하여 운동의 지속능력을 높이고자 하는 훈련방법으로 전신 지구력과 스피드를 기르는 운동이며, 인터벌 연습법, 구간훈련, 간격운동이라고도 한다. 이 운동은 주로 육상경기, 수영경기의 중, 장거리 연습에 쓰이는 트레이닝법이다.

9) 서킷 트레이닝: 1953년 영국 리즈대학교의 R. 모건과 G. 아담스가 창시했으며, 체력 트레이닝에 시간이라는 요소를 더하여 근육, 호흡, 순환기능의 점진적 발달을 목적으로 하는 트레이닝법을 말한다. 또한, 근력이나 지구력 발달을 목적으로 여러 가지 운동을 여러 번 반복하는 지상훈련방법이다.

많은 스키 리조트가 일 년 내내 사람들을 끌어 모으기 위해서 겨울 골프 패키지를 제공한다. 심지어 어떤 이들은 스키장 근처 평지에서 스노슈즈 골프 토너먼트를 후원하기도 한다. 골프화를 신는 대신 스노슈즈를 신고, 골프 클럽으로 테니스공을 친다. 우습게 들리지만, 아마 한겨울에도 클럽을 놓을 수 없는 사람들을 끌어들이려는 것이다.

허리 박사의 건강한 골프, 안전한 골프 팁

오랜 기간의 진료 경험을 돌이켜 보건대, 골프 부상의 대부분이 근력과 유연성의 부족에서 온다는 점에 대해서 저자들과 전적으로 동의한다. 골프 레슨을 처음 시작하면서 잠시 배웠던 준비 운동들은 시간이 지나면서 잊어버리고, 클럽을 꺼내자마자 몇 번의 연습 스윙 후 박스 하나를 순식간에 비워 버리는 골퍼들을 연습장과 필드에서 접할 수 있었다. 진료실을 찾아오는 이들에게 물어보면 역시 마찬가지다.

골프 부상으로 찾아오는 환자들의 진료가 어느 정도 진행되면, 근력 운동과 유연성 운동의 두 마리 토끼를 다 잡아야 장타도 가능하고 정교한 샷도 가능합니다라고 설명하지만, 통증이 사라지면 머릿속에도 그 기억이 사라지는 듯 다시 진료실을 찾는다. 함께 즐기는 동료나 심지어 지도자들도 '갈비뼈 하나는 부러져봐야 골프를 제대로 배운 거다' 라고 아무 근거도 없이 오기의 골프만을 주장하는 무모함마저 들리기도 한다.

세계 최정상급 선수들도 정기적으로 코치의 도움을 받는 것처럼, 강하고 안전한 골프를 목표로 한다면 아마추어들도 정기적인 강습을 받아야 한다. 스윙 자세를 가다듬어야 하고, 강하고 정확한 스윙을 위해 근력과 유연성 운동도 수반되어야 한다. 프로 선수들은 늘 필드에서만 훈련하는 것이 아니다. 우리가 보지 못하는 곳에서 끊임없이 자세를 교정하고, 근력과 유연성 운동에 투자를 하기 때문에 그 만큼의 성과를 거두는 것이다.

강하고 안전한 골프는 고가의 장비나 패션에서 나오는 것이 아니고, 자신에 대한 투자에서 나온다. 몇 박스를 치는 게 중요한 것이 아니고, 어떻게 치느냐가 중요하다. .

2. 골프를 위한 식이요법과 영양

"당신이 먹는 식사가 당신이 누구인지를 말해준다."라는 옛 격언은 골프에서도 통한다. 고지방 식품으로 식단을 채우면 체중이 늘어나게 되고, 골프 스코어도 늘어난다. 반대로 복합 탄수화물의 완벽한 건강식품을 먹으면, 5시간 이상의 긴 라운드를 지탱하는 데 필요한 에너지를 당신의 몸에 공급하게 된다.

골퍼가 섭취하기에 가장 좋은 식품은 무엇일까? 이른 아침 티타임 전에 커피와 도넛을 먹어야 할까? 반환점에서 핫도그와 맥주는 어떨까? 클럽하우스에서 흔히 들을 수 있는 대부분의 식습관에 관한 충고는 과장되고, 부정확하거나 완전히 유해하다. 이 장에서는 근거 없는 이야기들은 제쳐두고, 골프에 더 나은 몸을 어떻게 만들지에 대한 신뢰할만한 충고를 제공할 것이다.

- 시즌이 끝났을 때 먹어야 할 것.
- 경기 중, 그리고 전후에 먹어야 할 것.
- 경기 중, 그리고 전후에 마셔야 할 것.

시즌이 끝났을 때 먹어야 할 것

체중 조절은 더 나은 골프를 위해 가장 중요하다. 코스를 걸어서 움직일 때, 과도하게 증가한 체중으로 움직이면 피로를 유발할 수 있다. 이런 상황은 특히 언덕 코스나, 뜨겁고 습한 날씨에 두드러진다. 과체중은 또한 강력한 스윙을 위해 몸을 적절하고 충분하게 회전을 시키는 능력을 감소시킨다. 거대해진 배와 가슴은 백스윙과 폴로 스로(follow-through)에서 팔의 위치를 방해한다.

비(非) 시즌은 체중을 조절하기에 좋은 시간이다. 체중 조절을 위해서는 칼로리 섭취를 줄여야 하고, 저지방 식품을 먹어야 한다. 지방(g당 9kcal)은 탄수화물과 단백질(g당 4kcal)의 2배에 해당하는 칼로리를 가지고 있다. 체중 감량은 간단한 방정식에 달려있다. 칼로리의 섭취가 칼로리의 소모보다 적어야 한다. 식사에서 칼로리의 섭취를 줄이고 운동으로 칼로리 소모를 늘려 가면 체중은 줄어들게 된다.

식사조절과 운동을 통해서 매주 지방을 0.5~1kg씩 체중을 감소시키는 것이 적당하다. 만약 당신이 그 이상을 빼고 있다면, 아마도 근육이나 수분의 손실이지 체지방의 감소가 아니다.

골프 코스에서 최고의 실력을 발휘하기 위해서는, 저지방, 중성단백, 고탄수화물 식품과 음료를 균형 있게 섭취해야 한다. 즉 고탄수화물과 저지방 식품을 가볍게 먹고, 물을 충분히 마셔라. 양질의 영양은 체력적 잠재능력을 끌어 올리는 데 도움을 준다.

균형 잡힌 식단에서, 가능한 이러한 저지방 식품을 선택하라.

- 통밀빵, 잉글리시 머핀, 베이글, 그리고 치리오스[10], 휘티스[11] 혹은 콘플레이크처럼 견과류나 씨앗이 들어있지 않은 비(非) 그라놀라 시리얼.
- 신선한 통과일. 주스보다 더 많은 섬유를 함유하고 있어서 체중 감소에 도움이 되고, 주스 음료보다는 100% 과일 주스가 낫다.
- 스킴 밀크나 1% 밀크[12] 같은 저지방 유제품.
- 녹황색 야채와 지방의 첨가가 없는 신선하거나 냉동된 야채는 비타민

---

10) 치리오스(Cheerios): 1941년부터 미국 General Mill사가 귀리를 주재료로 만든 아침 식사용 시리얼 제품.

11) 휘티스(Wheaties): 1924년부터 미국 General Mill사가 밀과 밀기울을 섞어서 구워 만든 아침 식사용 시리얼 제품.

12) 미국과 캐나다에서 판매되는 우유는 지방 함량에 따라 아래와 같이 분류된다.
Whole varieties
2%(reduced fat)
1%(low fat)
<0.5%(very low fat)
Skim(nearly no fat)

과 영양을 훨씬 더 함유하고 있다.
- 생선, 해산물, 그리고 쇠고기 등 붉은색 육류보다는 가금류. 마블링이 거의 없고 얇게 잘 썰어진 고기를 먹어라. 가능한 껍질이 없고, 빵가루를 입히지 않고 튀기지 않은 가금류를 섭취하라.
- 지방을 낮춘 마가린, 마요네즈, 샐러드드레싱. 캐놀라나 올리브 오일과 크림이나 치즈가 없는 샐러드드레싱을 사용하라. 지방은 우선적으로 생선이나 캐놀라 오일, 올리브 오일에서 섭취하라.

또한 복합 탄수화물이 비율이 높고, 단백질이 그 다음, 지방이 제일 낮은 식단은 체중 감량 프로그램을 하는 동안 에너지가 상승된 상태를 유지하도록 도울 수 있다. 또 탄수화물은 섬유질을 함유하고 있어서 적은 칼로리로 포만감을 느끼게 할 수 있다. 지방과 지용성 비타민을 함유한 수많은 기름진 음식은 전혀 그렇지 않다. 탄수화물 비율이 높은 많은 식품들은 작은 양의 단백질과 다수의 비타민과 미네랄을 함유하고 있다. 탄수화물의 공급원은 빵, 시리얼, 곡류, 그리고 감자, 옥수수, 우유, 콩, 완두콩, 렌즈콩, 과일과 과일 주스, 야채와 같은 전분 식품들이다.

경기 중, 그리고 전후에 먹어야 할 것

경기 전

일반적으로 경기를 앞두고 적어도 2시간 전에 먹어야 한다. 큰 시합은 불안이 가중되므로 약 3~4시간 전에, 평소보다 여유를 두어야 한다. 신경이 예민해지면 소화를 더디게 해서 배가 훨씬 더 불편하게 된다. 연습 경기나 보통 경기에서는 참을 만하지만, 토너먼트에서는 일거수일투족에 영향을 미치게 된다.

경기장으로 들어서기 전에 고탄수화물 식품을 먹어라. 나는 과일과 저지방 우유를 넣은 고섬유질 시리얼을 좋아한다. 당신의 티타임이 이르다면 이것은 특히 중요하다. 골퍼들은 빠른 출발을 위해서 아침 식사를 거르는 경향이 있다. 큰 실수다. 밤부터 경기 전까지 음식 섭취가 없었다면 모든 에너지를 준비할 근원이 벌써 고갈된 것이다. 기본적으로 위장에서 음식물이 비워지기까지 충분한 시간을 남겨둬야 한다. 그러나 티타임에 배가 고프거나 나중에 탈진하지 않을 정도만 먹어둬야 한다.

경기 전에는 고지방 식품은 피하라. 계란과 소시지를 넣은 크루아상 샌드위치, 치즈 대니쉬 혹은 도넛은 건너뛰어라. 대신 저지방 크림치즈나 젤리를 바른 베이글을 선택하라. 고지방 음식물은 위장에서 비워지는 시간이 느려서 몇 시간이 소요된다. 몸은 영양소를 담은 혈액의 공급이 증가되어 운동 근육에 보내짐으로써 반응한다. 그러나 장관(腸管)은 음식을 먹으면 우선권을 가진다. 그래서 배가 가득 차면 소화를 돕기 위해서 혈액의 공급이 증가되고, 근육에는 공급이 감소한다.

양질의 에너지원은 코스를 걸어 다니는 사람들에게 특히 중요하다. 카트를 타고 다니는 골퍼들은 칼로리 소모가 적기 때문에 그 정도의 에너지 손실에 주의를 기울이지 않는다.

경기 중

코스에서 소요되는 시간과 소모되는 에너지 때문에 많은 골퍼들이 허기를 느끼고 무언가 먹을 것을 찾게 된다. 코스에서 소리가 거의 나지 않는 양질의 식품은 베이글, 바나나(고칼륨), 오렌지(갈증을 가시게 하는데 도움), 그리고 젤리 샌드위치(저지방)다. 젤리 샌드위치에 땅콩버터를 바르지는 마라. 그것은 지방을 함유하고 갈증을 일으키며, 땅콩버터가 입 천정이 고착되게 만들어 "포어[13]"를 외치기 어렵게 만든다. 그리고 마요네즈로 샌드위치를 만들지 말라. 열기에 빨리 상한다.

아무리 배가 고프더라도, 마지막 몇 홀을 남겨두고 과도한 음식 섭취는 피해라. 하이 에너지 바[14]는 훌륭한 선택이고, 막대 초콜릿보다 훨씬 나은

13) 포어(Fore): 앞쪽의 플레이어나 코스의 인부 등에게 지금부터 볼을 친다고 하는 것을 알리기 위해 지르는 신호. 한국에서 "볼"이라고도 외친다.

14) 하이 에너지 바(high-energy bar): 지속적인 육체적 활동을 하는 사람들이 필요로 하는 칼로리를 공급하기 위해 운동 선수나 육체적 활동을 하는 사람들이 섭취하는 보조 식품. 아이소스타(Isostar)社 제품.

선택이다. 하이 에너지 바는 지방이 제거되고 탄수화물이 증가된 그라놀라[15] 바에서 파생된 것이다. 영양적인 측면에서 막대 초콜릿보다 훨씬 뛰어나다.

막대 초콜릿이 맛은 뛰어나지만 몇 가지 약점이 있다. 고지방 내용물은 위가 비워지는 시간을 연장하는 데 기여한다. 이는 근육 활동을 가능하게 하는 에너지의 양을 감소시킬 뿐 아니라, 필요한 에너지가 근육에 도달하는 것도 지연시킨다. 막대 초콜릿은 또한 복합 탄수화물 보다는 설탕에서 에너지를 얻어내는 것이다. 급격한 혈당의 증가는 몸이 인슐린의 생산을 증가시키도록 반응하게 한다. 이런 인슐린의 과도 생산은 혈당을 떨어뜨리고, 골퍼가 의도하는 것과는 정 반대로, 급격한 피로로 몰고 간다.

경기 후

경기가 끝나면, 경기를 하는 동안 소모된 칼로리를 양질의 균형 잡힌 음식물로 보충하라. 운동 후 신체 조직이 회복될 수 있도록 충분한 단백질을 함유한 식품이어야 한다. 평균적인 미국인들은 필수 단백질 양의 7배를 섭취하므로, 대부분의 골퍼는 별도로 무언가를 먹거나 스테이크를 고집할 필요는 없다. 에너지가 소모된 정도, 즉 골퍼가 걸었는지 카트를 타고 다녔는지에 따라 칼로리 양이 보충되어야 한다. 18홀을 걸은 골퍼는 1,000(카트를 밀고 다녔을 때)~2,000kcal(백을 들고 다녔을 때)를 소모한다.

골퍼에게 특별한 식단은 없다. 경기 후 소모된 칼로리는 대부분 감자, 빵, 녹색 야채와 과일 같은 복합 탄수화물로 보충되어야 한다. 다시 강조하지만 지방과 단 것은 피하도록 하라.

경기 중, 그리고 전후에 마셔야 할 것

수분의 섭취와 수화(水化) 작용에 관한 골퍼의 관심은 온도와 습도다. 온도나 습도 중 어느 하나가 증가하면 체온의 문제를 일으킬 수 있다. 습

15) 그라놀라(granola): 납작 귀리(rolled oat)에 건포도나 황설탕을 섞은 아침 식사용 건강 식품.

도는 체온보다 더 중요하다. 그러나 고온 건조한 날에는 (몸이) 착각을 일으킬 수 있다. 땀의 증발이 매우 빨라져도 골퍼가 수분의 손실을 의식하지 못할 수가 있다. 습도가 높을 때에는 땀의 증발이 더욱 느려져서 적어도 골퍼는 땀을 흘리는 것을 더 잘 느끼게 된다.

고온 다습할 때는, 골퍼는 대략 티오프 1시간 전부터 매 20분마다 230ml의 물을 마시기 시작할 필요가 있다. 워밍업을 하는 동안은 찬 물을 마셔라. 찬물은 더운물보다 위에서 더 빠르게 비워진다. 만약 복통이 있다면 한 번에 마시기에는 너무 많은 양이다. 복통을 경험한 적이 있다면, 더운물을 마시거나 소금이나 설탕을 희석시킨 용액을 마셔라.

가능하다면 코스에서 물을 마실 틈이 생길 때마다 마시고, 그렇지 않다면 각 티[16]에서라도 마셔라. 당신은 물병을 가지고 다닐 수도 있고, 가방에 물을 담을 수 있는 특수한 냉각기를 부착할 수도 있다. 갈증이 시작할 때까지 기다리지 마라. 결코 갈증을 잡을 수 없다. 코스에서 벗어날 때마다 꾸준히 물을 섭취하라. 카페인 음료와 맥주를 포함해서 알코올 음료는 이뇨제처럼 작용하므로 피하라. 평범하면서도 흔한 물이 최고의 효력을 발휘한다.

몸이 수분의 공급을 소모해 갈 때, 근육은 유연성과 힘을 잃어버린다. 수분 결핍의 최종 결과는 소모성 열탈진(heat exhaustion)과 열사병(heat stroke)이다. 골프 휴가를 보내듯 뜨겁고 습한 날씨에 매일 골프장으로 간다면 매일 비교 검토하라. 체중이 일정하게 유지되고 있다면, 손실된 수분을 알맞게 보충하고 있는 것이다.

기온에 적응을 하려면 대략 7~10일이 소요된다. 그 후, 몸은 수분을 보존하는 것을 터득한다. 불행히도 대부분의 골프 휴가는 오래 지속되어서 체중이 급속히 주는 것을 인지하게 된다. 며칠 동안 체중이 1.5kg 이상 빠진 골퍼는 탈수가 진행되는 과정으로, 근육통과 열성 질환(제4장 참조)의 위험을 무릅쓰고 달리는 것이다. 평소보다 더 많은 양의 물을 마심으로써 체중을 회복할 수 있다.

16) 티(tee): 티잉 그라운드의 줄임말. 각 홀에서 제1타를 치는 장소, 또는 볼을 놓는 자리를 티라고 한다.

전해질 교환

전해질(염분과 칼륨)의 손실은 근육 경련과 피로로 이어진다. 땀을 흘렸을 때 보충할 약간의 소금이 필요하지만, 그 문제에 대해서 골프든 어느 스포츠든 염분 보충제를 쓸 필요는 없다. 장관(腸管) 내에 많은 양의 염분은 그것을 희석하기 위하여 몸으로 하여금 인체 조직으로부터 많은 양의 물을 끌어내어서, 나아가 근육 내에서 탈수를 일으킨다.

뜨거운 날씨에는 간단하게 식사에서 소금의 섭취를 늘리기만 하면 된다. 피클과 양념이 더해진 짠 음식이 좋다. 또한 바나나, 토마토, 멜론과 스킴 밀크 같은 고칼륨 식품을 많이 먹어라. 이런 고칼륨 식품은 탄수화물과 단백질의 훌륭한 원천이고, 지방이 없으며, 많은 비타민과 미네랄을 제공하기 때문에 좋은 식품이다.

스포츠 음료는 모든 전해질을 함유하고 있고, 액체에 포도당을 첨가한 것으로 필요한 에너지를 공급한다. 그러나 자주 마시기에는 비싸고 골프처럼 저강도에서는 물보다 더 효과적이지는 않다. 아마도 골프 코스에서는 물을 마시는 것이 최상이고, 당신이 스포츠 음료의 맛을 좋아한다면, 코스에서 벗어나자마자 손실된 전해질을 보충할 수 있도록 마셔라.

근경련이 발생하는 것을 인지하면 스포츠 음료에 물을 섞어서 마셔라. 조기에 충분한 물이 공급이 되면 근경련을 멈추게 할 수도 있고 라운드를 마무리 할 수 있게 한다.

허리 박사의 건강한 골프, 안전한 골프 팁

최근까지 스포츠 영양학에서 논란이 되는 부분의 하나가, 고탄수화물을 위주로 할 것인지, 고단백질 위주로 할 것인지 이다. 이 책의 저자는 고탄수화물 위주의 영양 식단을 제시하고 있으나, 지적한 대로 논란이 많은 부분이다. 역자는 고단백질 위주의 식단에 중점을 두고 있으나, 일단은 저자의 의견을 그대로 옮겨둔다.

여러 논란은 배제해두더라도, 과도한 포만감을 느끼지 않는 범위 내에서 자극적이지 않는 음식으로 섭취하고 경기에 임하는 것은 굳이 설명이 필요 없는 상식이다. 또 충분한 수분 섭취는 장시간 일광에 노출되어 있는 골퍼들에게는 매우 중요하다.

골프는 멘탈 스포츠라는 이야기를 많이 한다. 그 만큼 상대와의 미묘한 신경전이 치열하다는 뜻인데, 한편으로는 자신과의 싸움이기도 하다. 연습장에서는 잘 되다가 필드에만 들어서면 공은 작아 보이고, 클럽은 무겁고, 그린이 한 없이 멀어 보이기까지 하는 사람도 있다. 이처럼 집중력이 떨어지는 골퍼들에게는 진정 작용이 있는 대표적인 한약재인 백복신(白茯神)을 넣은 백복신죽과 박하차가 도움이 된다.

불안이 반복되거나 집중력이 떨어지면 전문의의 진료를 통해 진정 · 안신 작용을 하는 한약을 복용하는 것도 고려해야 한다. 실제 다수의 프로 골퍼들이 본원의 한약 처방을 통해 경기력 향상에 일정 기여를 하였다.

제2부

흔한 위험과 기본적인 안전수칙

- 골프 부상과 재활
- 의학적 위험
- 건강을 위한 보조 용품

3. 골프 부상과 재활

대부분의 사람들이 골프가 혹독한 스포츠가 아니라고 생각하지만, 안전한 스포츠라고 간주될 수는 없다. 나는 아마추어와 프로 골퍼들에게서 광범위한 근골격계 질환을 겪고 있는 것을 보아왔다. 0.2초도 안 되는 사이에 시속 160km 속도로 클럽 헤드가 움직여서 발생되는 크고 반복적인 힘을 고려해볼 때, 골퍼들이 부상을 당하는 것은 이상하지 않다.

이 장은 스윙 중에 부상이 발생했을 때 , 부상을 잘 일으키는 원인과 골프 부상으로부터 회복하는 데 도움을 주는 프로그램의 개요를 소개한다. 이 장을 살펴보면 대부분의 골프 부상은 과도한 경기와 과도한 사용, 잘못된 스윙, 공 대신 다른 물체의 타격 혹은 부적절한 워밍업이 원인이 되어 발생한다.

스윙

풀 스윙을 하는 골퍼의 일차적인 목표는 공을 칠 때 최장 거리, 정확도, 그리고 컨트롤을 얻고자 하는 것이다. 클럽 헤드의 속도를 최대한 끌어올리기 위해서는 전신이 동작 속으로 스며들어야 한다. 일련의 사건들이 하나로 연결되듯 몸의 각 부분이 움직이면, 당신은 다리에서 몸통, 어깨, 팔꿈치, 손목으로 에너지를 만들어 전달하여 스윙을 완성한다.

스윙의 각 단계에서 더 효과적인 골퍼의 생체역학은 부상의 위험을 줄여준다. 반대로, 잘못된 생체역학이나 약해진 근육 혹은 유연성 결핍은 부상의 위험을 증가시킨다. 그래서 스윙의 총체적인 생체역학을 관찰하는 것이 중요하고, 일련의 연결 또한 마찬가지다.

49세의 회계사이자 열정적인 골퍼인 밥은 오른 손목에 정기적으로 발생하는 통증으로 나를 찾아왔다. 검사 후, 그의 팔목은 아프고 부어있어, 안정을 지시하고 항염증제를 처방하였다. 2주 후, 그는 동일한 증상을 호소하며 진료실을 찾아왔다. 나는 그에게 스윙 자세를 보여달라고 요청했고, 그의 허리가 아주 뻣뻣하다는 것을 알 수 있었다. 백스윙의 정점에서 적당한 위치로 클럽을 가져가기 위해서 오버스윙을 하는 것이 허리를 뻣뻣하게 만들고 있었다. 우리는 간단한 허리 스트레칭 프로그램에 대해서 이야기를 했고, 밥은 철저히 시행하였다. 남은 골프 시즌 동안, 그는 더 이상 손목의 통증이 없었고, "현재 훨씬 자유롭게 몸을 돌리게 되어 내 드라이브가 10야드나 길어졌습니다."라고 말하였다.

스윙 3단계

골퍼가 언제 부상을 당했을 지를 조사하기 위해서는 골프 스윙의 3단계—테이크 어웨이, 다운스윙, 폴로 스로—를 관찰하라.

테이크 어웨이(take away)—백스윙(backswing)의 정점에 이르는 준비 과정—는 부상 원인의 25%를 차지하며, 골퍼의 등, 어깨, 그리고 팔에 스트레스를 준다. 오른손잡이 골퍼는 무릎, 엉덩이, 허리, 그리고 척추를 회전시키고, 머리는 상대적으로 고정이 되도록 유지시킨 상태에서 체중이 오른쪽으로 옮겨가도록 한다. 왼팔은 몸통을 가로질러서 왼손 엄지는 곧추세우고 오른 손목은 굽힌 상태로 돌린다.

다운스윙(downswing)—임팩트 전과 임팩트—은 스윙 단계에서 가장 큰 힘을 끌어내기 때문에 부상의 50%를 차지한다. 동작의 범위는 테이크 어웨이와 같지만 3배 정도의 빠르기로 몸이 움직인다. 이 단계는 손목과 무릎은 물론 엉덩이와 허벅지의 앞뒤, 그리고 허리 근육에 부상을 초래할 수 있다. 체중이 엉덩이, 허벅지 앞뒤, 그리고 허리 근육으로부터 반 시계 방향의 회전에 의해 왼쪽으로 옮겨진다. 오른 손목이 최대한 굽혀진 상태로 양 손목이 꺾여 있다. 왼손 엄지는 곧추세워져 손바닥에서 뻗어 나온다. 아래팔과 팔꿈치의 신경과 근육은 긴장상태를 유지한다.

폴로 스로(follow through)는 부상의 25%를 차지한다. 이 단계에서 대부분의 부상은 타구 완료의 자세(finish)에서 골퍼의 허리가 역C자형으로 뻗는 모던 스윙 때문이다. 허리와 척추가 한계지점까지 돌리고 늘려서 좌우 아래팔은 공을 향해 돌아간다. 왼 무릎이 바깥으로 돌아가는 만큼 오른 무릎을 굽히고, 엉덩이는 완전히 돌아간다.

프로 대(對) 아마추어

골프 부상의 발생에 대해 대처하는 연구는 거의 없었으나, 아마추어와 프로 골퍼들이 가장 흔하게 부상을 당하는 부위가 허리, 팔꿈치, 손, 손목, 어깨, 그리고 무릎이라는 조사는 있다. 프로 골퍼들은 손목, 허리, 손, 어깨, 무릎 순으로 부상의 빈도가 높다. 반대로 아마추어들은 허리, 팔꿈치, 손목, 어깨, 무릎 순이다.

부상을 유발하는 원인

나이, 생체역학, 그리고 연습 중 실수를 포함한 요소들의 결합이 아마추어 골퍼의 부상을 유발한다.

나이가 들어가면서 퇴행성 질환의 발생이 눈에 띄게 증가한다. 골퍼에게 어깨의 회전근개(rotator cuff)나 팔꿈치의 힘줄이 찢어지는 것만큼이나, 목, 허리, 엉덩이, 그리고 무릎의 관절 질환이 가장 흔하다. 일부 골퍼들에게는 골프가 우연한 원인일 수도, 악화 원인일 수도 있다. 다른 골퍼들에게는 심각한 증상의 발전으로 끌고 가는 뚜렷한 원인일 수도 있다.

이른바 이상적인 스윙에서 벗어난 어떤 변화든지 근육과 힘줄, 그리고 뼈에 스트레스 증가를 가져다 줄 수 있다. 이런 변화들은 아마추어 골퍼들에게 상당히 빈번하고 훨씬 두드러진다. 결과적으로 프로에게 스윙의 교정을 받는 것이 골프 부상을 예방하는 가장 중요한 단계일 수 있다. 당신의 생체역학을 평가하는 데 있어서 비디오 분석의 활용은 특히 유용하다.

경기나 연습 중 신체에 발생하는 작은 외상의 반복에 의한 누적 효과는, 결과적으로 과도 사용으로 인한 회전근개의 파열, 골퍼 엘보, 손목과 손의 건염(힘줄염), 심지어 갈비뼈의 피로골절 같은 부상으로 이어질 수 있다. 완벽한 연습은 완벽으로 이어진다는 말이 있다. 반대로 완벽하지 않은 연습은 종종 부상으로 이어진다.

또한 골퍼들은 환경과 장비의 직접적인 결과로써 질환과 부상의 특이한 조합에 영향을 잘 받는다. 불량 공이나 부러진 샤프트로 쳐서 상처를 내고, 뼈가 부러지고, 심지어 머리를 때릴 수도 있다. 예를 들어, 공을 치는 대신 땅을 치는 것처럼 잘못 친 샷은 손의 골절, 손목의 충격, 그리고 심한 팔꿈치 부상을 초래할 수 있다. 환경적으로 열기, 태양, 번개, 꽃가루, 농약, 곤충, 조류, 파충류와 식물은 다양한 질환에 영향을 준다. 이 가운데 일부는 열사병처럼 생명에 위협을 가하기도 하고, 나머지는 벌레 물림처럼 성가시게 하는 정도일 수도 있다(제4장 참조).

골프 부상의 재활치료

골프 부상의 재활은 스윙의 전체적 연결과 아울러 부상 부위 두 방면에서 기능의 완전 회복을 확실히 해야 한다. 필요에 따라서 나는 부상을 입은 골퍼를 마사지, 관절가동술, 전기자극, 전체관절운동범위, 유연성, 그리고 근력의 회복을 위한 운동 등을 위해 물리 치료를 보낸다. 그러나 당신은 대부분의 골프 부상을 스스로 재활을 할 수 있다.

단계적으로 활동을 재개하고 과거 훈련의 실수를 피하는 것이 재부상을 예방하는데 중요하다. 생체역학의 개선 정도에 따라, 과도한 연습은 피해서 골프 부상의 발생을 줄여야 한다.

아래의 한 달 과정의 재활프로그램은 골프 부상 후 코스로 돌아갈 수 있게 할 것이다. 성실한 워밍업은 골프를 포함에서 어떤 스포츠 활동에서든 핵심적인 부분이다. 따라서 당신의 재활 프로그램을 실시하기 전에 10분간 워밍업을 하라.

주	월요일	수요일	금요일
1	퍼팅(10분) 칩 샷(5분) 휴식(5분) 칩 샷(5분)	월요일과 동일	월요일과 동일
2	퍼팅(5분) 칩 샷(10분) 휴식(5분) 숏 아이언(5분)	퍼팅(5분) 칩 샷(10분) 휴식(5분) 숏 아이언(5분)	퍼팅(5분) 칩 샷(10분) 휴식(5분) 숏 아이언(10분) 휴식(5분) 숏 아이언(10분)
3	칩 샷(5분) 숏 아이언(15분) 휴식(5분) 롱 아이언(10분) 휴식(5분) 롱 아이언(10분)	칩 샷(5분) 숏 아이언(15분) 휴식(5분) 롱 아이언(15분) 휴식(5분) 우드(10분)	칩 샷(5분) 숏 아이언(15분) 휴식(5분) 롱 아이언(15분) 휴식(5분) 우드(15분)
4	9홀	9홀	가능하다면 9홀 이상

올바른 진통제의 사용

진통제(painkillers)는 골퍼로 하여금 적극적으로 부상의 조기 재활을 시작할 수 있도록 한다.

바이엘 아스피린(Bayer Aspirin)은 가장 오래되었으면서도 아마도 가장 광범위하게 처방되는 약이다. 이것은 통증을 가라앉힐 뿐만 아니라 염증도 줄인다. 아스피린의 두드러진 부작용은 복통과 위장 내 출혈이다. 만약 당신이 보통의 아스피린에 문제를 가지고 있다면, 대신 완충 혹은 장용피복 아스피린을 사용하라.

타이레놀(Tylenol) 같은 아세트아미노펜(acetaminophen)은 대부분의 사람들에게서 아스피린과 동일한 진통 효과가 있으나 항염증제 효과는 미치지 못한다. 사람들에 따라서 위장 자극이 덜 하기도 한다.

애드빌(Advil) 같은 이부프로펜(ibuprofen)은 비스테로이드계 항염증제로서 빠른 효과가 있는 성분이다. 다양한 일반 의약품(OTC)은 전문 의약품의 1/2 강도의 버전이다. 모두 다 매우 강한 항염증 효과를 가지고 있고, 또한 통증 완화의 특징을 가지고 있다.

항염증제는 주의 깊게 다뤄져야 한다. 심한 소화기관의 부작용을 일으킬 수 있다. 위를 자극할 수도 있고, 궤양처럼 출혈을 일으킬 수도 있다. 위산으로부터 위와 장을 보호하는 보호막의 생산을 방해할 수도 있다. 소화기관에 문제가 있었던 경험이 있는 사람은 의사의 지시 없이 약국에서 판매되는 것을 포함하여 항염증제를 복약해서는 안 된다. 의사는 부작용을 완화시키기 위한 약을 함께 복용하도록 처방하기 때문이다.

나는 보통 통증이 있는 골퍼들에게 그들이 가장 좋아하는 진통제를 선택하도록 한다. 그들 대부분은 과거의 경험으로부터 어떤 약이 자신들에게 가장 알맞게 작용하는지를 알고 있다. 유일한 경고는 아스피린을 항염증제와 함께 복약하지 않게 하는 것이다. 이 둘은 화학적으로 비슷하기 때문에, 둘을 합치면 독성 반응을 일으킬 수 있다. 예를 들어 근육이 쑤셔서 이부프로펜을 복용하였는데, 두통이 발생하면 아스피린 대신에 아세트아미노펜을 복용하라.

일반적 근육 부상에 대한 응급 처치

근육 당김

열심히 워밍업과 스트레칭을 한다면 문제될 것이 없으나, 제대로 하지 않으면 과도한 사용과 피로 혹은 부상으로 근육이 계속 당겨지게 된다. 근육 당김(muscle pull)은 근육에 갑자기 심한 힘이 작용될 때와 근섬유가 한계 이상으로 당겨졌을 때 발생한다. 섬유의 대부분이 과도하게 당겨지고 일부가 찢어지면, 근육 당김이 발생한다. 많은 섬유가 찢어지면 근육 파열이 되는데, 골프에서는 드물다.

근육 당김이나 파열에 대한 보편적인 치료는 얼음찜질이다. 이 방법은 근육을 이완시키고 연축(spasm)을 완화시키는데 도움을 준다. 부상을 입은 부위에 얼음을 대고 통증과 붓기가 가라앉을 때까지 두어라. 염증을 줄이기 위해서는 한 번에 20분씩 며칠간 얼음찜질을 해야 한다. 그러면 가벼운 운동과 스트레칭 프로그램으로 재활 치료를 시작할 수 있다.

회복하는 동안 근육을 늘려줘야 한다. 근육 당김은 보통 연축으로 진행하고, 늘어난 근섬유를 수축시키려는 것이 방어 기전이다. 섬유가 점진적으로 다시 길어지지 않으면, 짧아진 상태에서 회복하기 때문에 다시 경기에 들어선 당신의 근육이 또 당기게 된다. 회복중인 근육을 거칠지 않게 점진적으로 늘려주면, 다시 부상을 입을 기회를 줄이게 된다.

보통 부상을 입은 부위를 건강한 반대편 부위를 늘려주는 것처럼 통증 없이 늘려줄 수 있을 때 활동을 재개할 수 있다.

근육 연축

주말 내내 골프로 허리를 혹사시켜서 월요일에 주치의의 진료실에 나타났다면, 근섬유의 파열이라기보다는 지연성 근육 연축(muscle spasm)일 것이다. 대부분의 근육 부상은 대체로 연축 혹은 긴장을 만든다. 실제로 많은 수의 경미한 근육 당김이 낮은 수준의 연축에 다다른다. 근육이 언제 손상 받기 시작했는지 확실치 않다면, 아마도 근육이 파열된 것은 아니다.

일부 의사들은 근육 연축이 시작하자 마자 진통제나 항염증제를 주는 것을 선호하고, 골퍼에게 휴식을 권한다. 나는 환자로 하여금 완전 휴식을 취하면서 다른 행동을 못하게 하는 것보다는, 단계적인 운동 프로그램을 진행하면서 얼음찜질과 스트레칭을 할 것을 권한다.

먼저 커다란 찜질팩을 근육에 가져다 대고 무감각해지도록 하라. 이것을 하는 좋은 방법은 종이컵에 물을 얼렸다가, 가장자리를 제거하고 무감각해질 때까지 근육을 문지르는 것이다.

다음, 긴장이나 통증을 느끼기 시작할 때까지 아픈 근육을 움직이기 시작하라. 통증이 사라졌을 때, 부상을 입은 부위를 잡고 그 자세로 20초 동안 정적인 스트레칭을 하라. 잠시 후 근육을 천천히 약간 느슨하게 수축시키고, 5초 동안 정지하라. 이런 등척성 수축은 근육을 훨씬 더 이완되도록 도움을 준다.

이제 긴장이나 통증을 느낄 때까지 다시 부상 부위를 움직여라. 10초 동안 그 부위를 멈추었다가, 5초 동안 근육을 수축시켜라. 신장과 수축을 다시 반복하고, 마지막은 근육을 신장시켜라.

20초 동안 자연스럽게 휴식을 취하였다가, 전체 프로그램을 반복하라. 과정 사이에서 근육이 다시 무감각해질 필요가 있다.

얼음찜질과 스트레칭을 하는 이 방법은 근육 당김과 파열의 초기에 응용될 수도 있다. 2~3일 이내에 근육 연축의 둔통은 부분적으로 줄어든다. 그리고 당신은 서서히 경기를 다시 할 수 있게 된다.

근육통

지연성 근통증(DOMS, delayed onset muscle soreness)은 대체로 격렬한 운동을 하고 나서 하루나 이틀 뒤에 발생한다. 골퍼들은 보통 하루에 36홀을 도는 투어를 며칠간 보내고 나서 느낀다. 통증은 일반적으로 며칠 내에 그냥 진정된다. 가벼운 운동과 도찰제[17)]가 통증을 덜어주는 데 도움이 될 수도 있다.

약국에서 구입할 수 있는 도찰제에는 두 가지 기본적인 형태가 있다. 첫 번째는 벤 게이(Ben-Gay)와 스포츠 크림(Sports Creme)과 같은 제품을 포함한 것으로, 전형적으로 멘톨(menthol)과 아스피린(Aspirin)과 화학적으로 비슷한 메틸 살리신산염(methyl salicylate)이 들어있다. 이런 제품으로 문지르게 되면 피부가 약간 따끔거리면서 그 부위의 혈액의 흐름을 증가시키게 된다. 이는 또 열을 발생시켜 뻣뻣한 근육을 이완시킨다. 이런 제품들은 또한 일부 살리신산염이 혈류 속으로 들어가게 한다. 살리신산염은 아스피린의 주요 성분이기 때문에, 이 제품들은 통증 완화 효과도 있다.

두 번째로 핫스터프(Hot-Stuff)와 애토믹 밤(Atomic Balm)을 포함한 제품들은 고추(capsicum) 성분을 함유하고 있고, 그것은 할라페뇨 페퍼(Jalapeño peppers)의 주요 성분이다. 여기서 추출한 화학 성분은 관절염성 통증 연고로 사용되고, 이 제품들이 실제 작용을 하는 적응증이다. 이 화끈한 도찰제들은 피부에 훨씬 더 강력한 자극 효과가 있어서 혈류를 활

17) 도찰제(liniment): [약학] (액체 · 반액체의) 바르는 약.

성화 시킨다. 이 제품들은 많은 열을 방출시켜 보통의 피부를 가지고 있다면 화상을 입을 수 있다. 사용할 때는 당신의 피부가 어떻게 반응하는지 살필 수 있을 때까지 천천히 써라.

이 제품들이 스포츠 로션으로 사용하는 것 이외에, 도찰제가 일부 제조업체에 의해 워밍업 보조제로 알려져서 팔려왔다. 도찰제는 경직된 근육을 이완시키고 순환을 증가시키는 데 도움을 줄 수 있다. 특히 추운 날씨에 워밍업 시간을 줄여주고, 혈류를 증가시켜 몸이 식은 후에 젖산이 축적되는 것을 줄여준다.

그러나 도찰제를 워밍업을 하는 데 이용해 왔더라도, 도찰제로 워밍업을 할 생각은 하지 마라. 적절한 워밍업은 신체 전반의 온도를 올려주는 것이지, 국소 근육군의 온도를 올리는 것이 아니다. 도찰제는 신체 일부의 소극적 워밍업 수단이다. 전신을 워밍업 하기 위해서는 10분간 가벼운 운동과 스트레칭을 함께 하라.

아스피린은 근육 통증을 덜어주는 데 도움이 된다. 몇몇 연구에서 운동 후 아스피린의 복용은 근육통을 줄여주고 1~2일 후 운동범위를 개선시킨다는 보고가 있다.

추가적인 응급처치 요령에 대해서는 본문에서 이 기호(⊞)를 찾아라.

허리 박사의 건강한 골프, 안전한 골프 팁

연습과 경기 전후의 워밍업과 스트레칭의 중요성은 아무리 강조해도 지나치지 않다. 아울러 부적절한 스윙 동작 또한 부상의 원인이다. 가벼운 부상이나 컨디션 조절이 안 되어서 생기는 문제들은 간단한 처치와 개인의 관심에 의해서 해결될 수 있다. 그러나 척추나 관절의 구조적인 문제로 인해, 부적절한 스윙이 반복된다면 전문의의 진료가 필요하다. 척추와 관절의 문제가 있는 상태에서 한계를 넘어서는 라운딩이나 연습이 반복되면 만성적인 통증으로 이어질 수 있고, 이는 곧 타수가 올라갈 뿐 아니라 심각한 후유증을 가져다 줄 수도 있다.

승부욕만으로는 해결되지 않는 부분이 있다. '2보 전진을 위한 1보 후퇴'라는 말이 있다. 욕심을 부려 경기에 집착하는 것보다는 전문가의 도움을 통해 강하고 안전한 골프를 추구할 것을 권한다.

골프는 걸어 다닐 힘만 있으면 한다는 우스갯소리도 있지만, 부상으로 실력이 늘지 않는다면 무슨 재미가 있겠는가?

4. 의학적 위험

부상 이외에, 골퍼들은 경기와 관련되어 다른 의학적 문제를 겪는다. 앞 장에서는 부상을 당한 경우에 대해서 구체적인 정보를 소개하였다. 이 장에서는 당신의 건강과 관련된 다른 위험 요소와 아래의 사항을 포함들을 어떻게 대처해 나갈지 고찰할 것이다.

- 체열 문제의 예방
- 일광 노출의 대비
- 코스에서의 건강 위험 요소
- 호흡기 문제의 개선

체열 문제의 예방

신체는 복사(radiation), 대류(convection), 그리고 증발(evaporation)의 세 가지 체온 조절 기전이 있다.

복사는 신체가 열을 내뿜는 기능을 가리킨다. 당신의 체온이 올라갈 때, 피부의 작은 혈관(모세혈관)은 팽창한다. 이것이 피부가 붉게 변하는 이유다. 몸을 식히기 위해 열이 피부 바깥으로 복사될 수 있는 피부 표면으로 많은 양의 혈액이 상승한다. 이러한 피부로의 혈류 증가가 열을 흩어버리도록 한다. 그러나 근육 운동은 산소와 에너지원을 공급하기 위한 많은 양의 혈액을 필요로 한다. 이는 피부에 활용될 혈액의 양을 감소시켜 복사의 효율을 떨어뜨린다.

대류는 체온과 기온의 차이에서 의해서 열이 몸에서 옮겨지는 것이다.

기온이 정상 체온까지 올라가면 온도 차이가 줄어들고, 몸에서 열이 빠져나가는 것이 줄어든다. 그래서 대류는 날씨가 뜨거워질수록 효과가 떨어진다.

증발은 열 손실의 최고 원천이다. 땀의 증발은 냉각 과정이다. 기온이 올라갈수록 땀 배출의 증가에 의해서 몸이 훨씬 더 반응하게 된다. 그러나 높은 습도는 이 과정을 방해한다. 공기 중의 수분 증가는 땀 증발의 감소다. 증발이 없으면 냉각도 없다. 그래서 습한 날 골프를 하는 것이 뜨거운 날보다 더 위험할 수 있다. 또한 체액의 교환 없이 땀만 계속 흘리면, 탈수증이 된다. 과도한 땀의 배출은 체내 염분과 칼륨과 같은 전해질의 손실을 초래한다.

어떤 옷을 입으면 냉각 기전의 효율성을 개선할 수 있을까? 피부를 가능한 공기 중에 노출시킬수록 더 많은 열이 피부를 통해 빠져나갈 수 있다. 천연 섬유가 인공 섬유보다 열의 전도와 증발에 있어서 낫다. 밝은 색이 어두운 색보다 외부 열을 잘 반사한다. 열전도율이 낮은 옷으로 몸을 감싸면 위험에 처해질 수 있고, 열탈진이나 열사병이 발생할 수도 있다.

골퍼는 뜨거운 날이냐, 습한 날이냐에 따라 선택을 해야 한다. 가능한 몸을 노출시키면 열을 조절하기가 수월해 진다. 그러나 충분히 감싸면 진드기와 벌레 물림뿐만 아니라 태양에 노출되는 것을 피할 수 있다. 뜨거운 여름에는 나는 챙이 넓은 모자, 가볍고 밝은 색의 반바지, 그리고 반팔 셔츠를 선호한다. 자외선 차단제와 살충제를 준비하고, 진드기를 피하기 위해서 숲으로 들어가는 것은 피한다.

열탈진

열탈진(heat exhaustion)은 탈수와 전해질의 손실 때문에 발생한다. 어지러움을 느끼게 하고, 심지어 실신하기도 한다. 체온 하강 기전이 너무 오래 작동하여 땀에 젖고, 피부가 서늘하게 식어버린다. 또 염분과 칼륨의 손실로 인해 심한 근육경련이 발생할 수 있다. 이런 증상을 경험한다면, 경기나 연습을 중지하고, 시원한 곳에서 휴식을 취하면서 물이나 게토레이(Gatorade) 같은 이온 음료로 몸에 수분을 공급해야 한다. 심한 경우에는 병원 응급실에서 수액과 전해질을 정맥 주사를 통해 공급할 필요가 있다.

EMERGENCY 열사병

열사병(heatstroke)은 실제 의학적 응급상황이다. 이 경우는 모든 체열 기전이 기능을 상실하고, 체온이 대뇌의 순환 기전을 파괴하는 지점까지 상승한다. 체온이 107~109°F(41.6~42.7°C)까지 올라갈 수도 있다. 열사병의 증상은 피부가 붉게 달아오르고, 땀이 소실되며, 보통 의식을 잃는다. 열사병이 생긴 사람은 즉시 응급실로 옮겨야 하고, 체온을 내릴 수 있도록 얼음 욕조와 얼음 주머니 혹은 냉각 담요를 사용한다. 열사병이 생긴 사람은 치료할 틈도 없이 빨리 죽을 수도 있다.

발열 문제의 예방

당신은 날씨를 살피고 수분 섭취를 통해 발열 문제를 예방할 수 있다. 뜨거운 날씨에는 코스를 도는 동안 시간당 약 2리터의 땀을 흘릴 수도 있다.

경기를 하러 가기 전에 온도와 습도를 확인하라. 온도와 습도가 둘 다 높으면, 둘 다 내려갈 때까지 기다리거나, 일부 홀에서만 간단하게 경기를 하라. 온도가 일반적으로 낮아지는 아침 일찍 혹은 저녁에 경기를 하도록 하라. 가능한 나무 아래나 그늘로 걸어라. 나는 보통의 경우 전동 카트를 타는 것을 권하지 않지만, 매우 뜨거운 날씨에는 그늘을 제공해 주고 탈수로부터 당신을 지키는 데 도움이 되는 카트를 타는 것도 고려해볼 수 있다.

홀이 바뀔 때가 아니더라도, 체내 수분을 유지하기 위해서 적어도 15분마다 물을 마셔야 한다. 가방이나 카트에는 물이나 게토레이 같은 이온 음료를 채운 병을 가지고 다녀라. 식염 정제는 먹지 마라. 과도한 소금을 희석하기 위해 많은 양의 물을 몸 밖으로 배출시키게 되어 근육에 심한 탈수를 유발할 수 있다.

일광 노출의 대비

지구를 보호하는 대기권의 오존층이 얇아져서, 최근 몇 년간 태양 복사가 강해지고 있다. 태양에 노출되는 것에 대한 경고에 주의를 기울이지 않고, 수많은 골퍼들은 보호 의류나 자외선 방지 크림 없이 경기에 임하여 발암 위험을 내포하고 있다. 그러나 피부암은 예기치 않게 나타나므로, 어떤 골퍼든 코스로 향하기 전에 잠시 멈추고 준비를 해야 한다. 태양은 또한 눈에도 영향을 주기 때문에, 밝게 햇살이 비치는 날에는 자외선 차단 선글라스를 착용해야 한다.

피부암

대략 미국인 6명 가운데 1명은 피부암(skin cancer)에 걸리고, 매년 약 1백만 명의 새로운 환자가 피부암으로 진단받는다. 피부암의 가장 흔한 유형은 직접적인 태양 노출과 관련되어 있고, 태양 아래에서 장시간을 보내기 때문에 골퍼들을 위험한 상태로 내몰고 있다.

피부암에는 편평세포암(비늘세포암, squamous cell cancer), 기저세포암(바닥세포암, basal cell cancer), 악성흑색종(malignant melanoma)의 세 가지 유형이 있다. 피부암은 대체로 다년간 태양에 노출되어 형성된 것이다. 피부암은 피부 속에 색소 성분을 적게 가지고 있는 흰 살결의 사람들에게 좀 더 흔하다. 태양에 의한 손상은 영구적이고, 20세 이전에 물집이 생길 정도로 햇볕에 태운 사람이, 나이가 들어서 그런 사람보다 피부암의 위험이 2배나 높다.

편평세포암과 기저세포암은 보통 치유되지 않는 완고한 여드름이나 궤양처럼 나타난다. 피부는 부스럼이 일어나지만, 다시 벌어진다. 편평세포암은 귀와 아랫입술에서 더 흔하지만, 전신에 퍼질 수 있다. 기저세포암은 피부의 노출된 부위에서 가장 흔하고 잘 퍼지지는 않지만, 피부에는 매우 파괴적일 수 있다. 조기에 치료를 하면, 외과적으로 제거를 통해 모든 편평상피암과 기저세포암을 거의 치료할 수 있다.

악성흑색종은 어느 곳에서나 발생할 수 있는 공격적인 피부암이지만,

일반적으로 신체의 노출된 표면에 나타난다. 그것은 신체의 다른 부위로 퍼질 수 있고, 그곳에서 대개는 치명적으로 작용한다. 흑색종의 징후는 갑작스레 나타나는 기이한 형태의 검은 모반이거나, 갑작스레 커지는 완고한 모반이다.

조기 진단과 광범위한 제거가 이루어지지 않는 한, 흑색종은 빠른 속도로 치명적인 상황에 도달할 수 있다. 흑색종의 흔적은 피부 종양이 제거된 사람에게서 잠재되어 있다가, 수 십 년 후에 갑자기 나타날 수도 있다. 피부에서 흑색종이 제거된 다섯 명 가운데 네 명은 10여 년간 재발 없이 지낸다.

흑색종은 미국 남서부처럼 백인 인구가 많고 햇살이 좋은 지역에서 증가한다. 1980년에서 1990년 중반까지 미국 내 흑색종의 발생은 두 배로 늘어났다. 매년 4만 명 이상이 흑색종 진단을 받는다. 정기적인 피부 검사를 통해 많은 생명을 구하기는 하지만, 매년 7,300명의 미국인들이 흑색종으로 죽는다.

어떤 사람이 위험한가?

20개 이상의 모반이 있거나 피부암의 가족력이 있다면, 정기 건강 진단을 위해 피부과 전문의를 만나야 한다. 뜨겁고, 햇살이 강하고, 고도의 자외선이 피부를 공격하는 지역에 산다면, 피부암이 발생할 여지가 더 많다. 흑색종은 태양에 노출되는 기회와 강도가 높은 사람일수록 더 많이 발생한다.

당신이 경계해야 할 징후가 있다. 이 징후는 새로 생기거나 변화가 있는 반점, 특히 비대칭적으로 불규칙한 경계나 울퉁불퉁한 표면, 다양한 색깔, 혹은 지우개보다 큰 것을 포함하다. 나는 모든 골퍼에게 골프 시즌 전후에 기존의 모반에 어떤 변화가 있는지 살피면서, 전신에 대한 주의 깊은 자가 검진을 당부한다.

피부암의 예방

특히 당신이 한 주에 여러 차례 골프를 즐긴다면, 보호 의류와 충분한 자외선 방지 크림의 사용은 매우 중요하다. 강렬한 열대성 태양 아래에서 경기를 하는 사람이라면 더욱 더 주의가 필요하다.

넓은 챙의 모자는 일광에 노출되기 쉬운 목과 귀의 뒷면을 보호한다. 짙은 색의 의류와 모자는 밝은 색상에 비해 자외선을 차단하는 효과가 뛰어나다. 데님[18] 셔츠는 일광보호지수(SPF)가 1,700이지만, 밝은 색의 면 재질의 골프 셔츠는 8에 불과하다.

자외선 방지 크림은 효력을 발휘하기까지 20~30분이 걸리므로, 적어도 밖으로 나가기 30분 전에 발라야 한다. SPF가 적어도 15 정도인 자외선 방지 크림을 사용하고, 4시간 이상 태양 아래 있는 경우는 다시 바르라. 입술은 특히 화상을 입기 쉬우므로 특별한 입술용 자외선 방지 크림을 사용하는 것도 좋다.

자외선 방지 크림의 선택

개개인마다 피부 유형과 태양 아래서 보내는 시간에 따라 자외선 방지 크림에 대한 수요는 다르다. 알맞은 제품을 선택하는데 있어서, 라벨의 SPF가 모두 다르고 성분이 어지럽게 나열되어도 당황할 필요는 없다. 각각의 제품은 약간의 차이만 있을 뿐이므로, 당신에게 최적의 제품을 찾는 약간의 실험만이 필요할 뿐이다.

SPF는 화상으로부터 당신의 피부를 얼마나 오랫동안 보호할 수 있는 상품인지를 부수적으로 알려주는 것이다. 예를 들어, SPF 15인 자외선 방지 크림은 전혀 사용하지 않았을 때보다 15배 더 길게 피부가 붉게 변하는 것으로부터 보호할 수 있다. 그러나 실제로 그렇게 되기 위해서는 자주 자외선 방지 크림을 사용하는 것이 SPF 비율만큼 중요하다.

병에 있는 설명을 따른다면, 자외선 방지 크림을 정확하게 사용하는 것은 쉽다. 여기 몇 가지 예시가 있다.

18) 데님(denim): 비교적 두꺼운 면직물의 일종.

- 자외선 방지 크림을 전체적으로 고르게 사용하라. 보통의 성인은 전신에 고르게 바르는 데 테이블 스푼으로 2개 정도가 필요하다.
- SPF 지수에 집착하지 마라. 대부분 사람들은 보통의 피부라면 SPF 15의 제품을 사용하면 되고, (특정 혈압약처럼) 감광성 약물을 복용하거나, 피부가 특별히 화상이 잘 발생하는 (루프스[19] 같은) 질환을 앓고 있는 경우에는 SPF 30의 제품을 사용하면 된다. SPF 지수가 15 이하면 보호기능이 충분하지 못한 반면, 30 이상일 경우 부수적인 장점이 있는 것도 아니다.
- 방수 자외선 방지 크림을 구입하라. 땀에 의해서 빠르게 씻겨나가지 않아서, 수영을 하러 가더라도 유용하다.
- 장파장 자외선(UVA)과 중파장 자외선(UVB)을 모두 차단하는 자외선 방지 크림인지 라벨을 확인하라. 태양 광선은 두 유형의 자외선을 다 포함하고 있다.
- 발진이 나타날 수 있는 자외선 방지 크림의 알레르기에 대해 유의하라. 피부 부작용이 발생한다면, 다른 성분의 브랜드로 교환하라. 일반적으로 이산화티탄(titanium dioxide)을 함유한 자외선 방지 크림이 알레르기성 피부 반응을 덜 일으킨다. 대부분의 자외선 방지 크림은 빛을 흡수하는 작용은 하지만, 이산화티탄처럼 물리적 자외선 방지 크림은 태양 광선을 반사하고 산란시키는 작용을 한다. 또한 자외선 방지 크림의 방향제와 방부제가 과민 반응을 일으킬 수도 있으니, 단순히 브랜드(주요 성분에 상관없이)를 교환하는 것만으로도 때때로 효과적일 수 있다.
- 당신이 태양 광선에 극도로 예민하다면 산화아연(zinc oxide)이나 그에 준하는 자외선 방지 크림을 사용하여 빛을 차단하라. 형광색의 새로운 아연 자외선 방지 크림의 등장으로 당신은 더 이상 창백하고 무기력하게 지낼 필요가 없다.

---

19) 루푸스(lupus): 선홍색 또는 암자홍색의 작은 반점이 피부에 생기는 교원병.

눈의 문제

골퍼는 자외선 방지 크림을 사용하는 것과 동일한 이유로 선글라스를 착용해야 한다. 유해한 자외선은 눈에도 영향을 미칠 수 있다. 자외선 지수는 대체로 골프 시즌의 피크인 늦봄에서 여름에 높아진다.

모래와 잔디에서 반사된 태양 광선은 눈 표면의 세포에 화상을 일으킬 수 있다. 몇 년간 태양에 노출시키면 눈의 흰자위에 익상편(pterygium)이라 불리는 보기 흉하고 두툼한 병적 증식을 일으킬 수 있다. 대개는 해롭지 않지만, 때로는 홍채로 퍼져서 시야를 방해한다.

눈의 보호 없이 줄곧 골프를 해왔다면 몇몇 심각한 질환의 위험성을 증가시킨다. 몇 년에 걸쳐, 자외선은 안구의 수정체에 손상을 끼친다. 수정체에 단백질이 뿌옇게 구름이 끼듯 형성되는데, 이를 백내장(cataracts)이라고 한다. 수정체의 수술로써 백내장으로 저하된 시력을 회복할 수 있다.

백내장은 열대 기후나 햇볕이 강렬한 기후에서 더 자주 발생하는 것으로 알려져 있다. 태양 광선에 장시간 노출은 확실히 백내장의 형성에 위험한 요소다. 경력 20년 이상의 체사피크 만(Chesapeake Bay) 어부들을 대상으로 시행된 정확한 연구다. 선글라스를 착용하는 어부들은 그렇지 않은 이들에 비해 백내장 발생률이 훨씬 낮았다. 이 연구를 진행한 존스 홉킨스(Johns Hopkins)의 연구원들은 챙이 달린 모자와 자외선을 흡수하는 렌즈로 만든 선글라스를 얼굴에 잘 맞도록 착용할 것을 권고하였다. 연구에 따르면, 몇 년간 강한 광선에 노출되는 것만큼, 오랜 기간 온화한 광선에 노출되는 것도 위험할 수 있다고 하였다.

자외선은 매우 세밀한 것을 볼 수 있게 하는 영역인 황반(macula)에도 손상을 가할 수 있다. 황반변성(macular degeneration)이라고 불리는 병변이 형성되면 시력은 회복되지 않고 소실된다.

눈의 보호

좋은 선글라스는 눈을 건강하게 지켜준다. 렌즈가 적어도 99%의 자외선을 차단해야 한다. 렌즈의 색상이나 색조는 자외선 차단만큼 중요하지 않다. 편광 렌즈는 모래나 잔디로부터 반사된 섬광을 감소시킨다. 데이비드 듀발[20]처럼 테두리가 있거나 큰 골격의 선글라스는 빛을 더 차단하고, 테두리가 빛이 측면에서 스며드는 것을 방지한다.

볼레(Bollé), 오클리(Oakley), 코브라 골프(Cobra Golf)를 포함해서 소수의 제조업체가 골프 전문 선글라스를 만들고 있다. 초저온에서 제작된 안경테에서 구식 에이비에이터[21]까지, 이 선글라스들은 일반적으로 가볍고, 안전하고, 조정이 용이하고, 뒤틀림이 없는 렌즈로 만들어져서 바람과 섬광으로부터 보호한다. 대부분은 처방전에 따라 렌즈를 선택하거나, 색상을 선택한 후 렌즈를 처방할 수도 있다. 어떤 것들은 다양한 색상으로 렌즈를 교체할 수 있는 것도 있다. 비용은 30~200달러 정도이고, 전문 매장, 스포츠 전문점과 백화점에서 혹은 우편으로 주문할 수 있다.

골프에서 눈의 부상이 그리 흔하지 않은 반면에, 여느 스포츠 가운데 가장 심각하다. 골프공의 속도, 크기, 그리고 강도는 안와(눈확, orbit)라고 알려진 눈을 둘러싼 뼈를 관통할 수 있다. 직선 타구는 거의 실명을 유발할 수도 있다. 선글라스는 그런 부상으로부터 다소간의 방어를 하게 된다.

눈 관리 관련 회사들이 유해한 자외선을 차단하는 콘택트렌즈를 판촉하고 있다. 이런 연속착용렌즈는 자외선을 흡수하는 화학물질로 코팅이 되어 있고, 자외선을 90% 차단하며, 비용도 일반 렌즈와 비슷하다. 테두리가 있는 선글라스처럼 측면에서 빛이 스며들지 않도록 한다.

코스에서의 건강 위험 요소

코스에 들어섰을 때, 바닥의 농약과 수풀의 진드기, 그리고 공기 중의 벌레 때문에 신경 쓰기를 원치는 않는다. 경기는 그것으로 인해 방해 받기에 충분하다. 여기에 코스에서 발생하는 건강 위험 요소에 의한 의학적 문제점을 어떻게 예방할지를 소개한다.

20) 데이비드 듀발(David Duval): 1971년생. 미국의 프로골퍼. 1998년 PGA 투어 4승으로 상금왕에 오르고 이후 여러 대회에서 우승하며 메이저 대회인 전영오픈골프선수권대회(브리티시 오픈)를 포함하여 2001년까지 PGA 투어에서 총 13회 우승하였다.

21) 에이비에이터: aviator sunglasses. 1937년 레이밴에서 개발된 선글라스 스타일이다. 눈둘레의 2~3배 크기의 짙고 반사되는 렌즈와 금속 골격에 가는 안경다리가 특징이다.

농약 노출 줄이기

골프 코스에서 농약의 사용은 골퍼를 위해 잔디를 푸르게 유지하고, 경기하기에 좋은 상태로 코스를 유지하기 위한 한 가지 방법이다. 반면에 환경을 위협하거나 악화시키고, 건강에도 나쁜 결과를 초래한다. 보통 골프 코스는 환경 친화적이지만, 농약의 피해를 줄이기 위해서는 몇 가지 간단한 주의를 기울여야 한다.

전반적으로 살충제는 우발적인 노출의 경우에는 골퍼들에게 중요한 영향을 미칠 만큼 그다지 위험하지 않다. 대부분의 살충제는 물에 용해시켜 사용하고, 사람과 접촉하기 전에 말라버리면, 식물에서 쉽게 떨어지지 않는다. 일단 잔디의 잎에서 살충제가 말라버리면, 쉽게 털어낼 수 없다. 살충제 잔여물을 조금이라도 묻게 하려면 거친 헝겊으로 잔디의 잎을 강하게 문질러야 한다. 확실히 골프를 치러 나간 사람이 그렇게 하는 사람은 아무도 없다는 것이다.

살충제에 대한 노출을 줄이기 위한 한 가지 좋은 방법은 최근에 살충제를 뿌린 지역을 밟지 않도록 하는 것이다. 모든 골프 코스에는 두 명의 핵심 전문가가 있는데, 한 명은 골프 코스 관리자(golf course superintendent)이고 한 명은 수석 골프 프로(head golf pro)다. 이들은 골퍼들에게 최소한의 피해만을 끼치도록 살충제 작업 계획을 협조하여 세운다. 당신에게 최상의 해결책은 골프 라운드에 적은 피해를 일으키도록 언제 코스 정비를 하는지 더 상세히 파악하는 것이다.

마찬가지로, 산재한 민들레나 상태가 나쁜 잔디의 패치[22]에 대해서 불평을 하는 골퍼가 코스 관리자에게 농약을 더 쓸 것을 요구하기도 한다. 대부분의 골퍼들은 거의 완벽한 코스에 적응되어 있다. 영국식 코스에서는 약간의 잡초와 흙이 패인 곳도 게임의 일부로 간주한다.

의도적으로 농약에 노출되는 것을 줄이기 위한 또 다른 방법은, 수석 프로나 코스 관리자에게 노출을 줄일 수 있는 방법을 요구하는 것이다. 어떤 살충제가 언제 사용되었는지 상세한 내용을 첫 번째 티에서 공지하도록

22) 패치(patch): 잔디에 생기는 병의 하나. 잔디 잎이 누렇게 되고 검게 타면서 마르는 병.

요구하라. 많은 코스들이 이미 이렇게 하고 있다. 또한 바람에 의해 살충제가 날리는 것을 방지하는 기구—덮개가 달린 분무 장치—를 사용할 수 있다. 살충제 노출의 영향에 대해 알고 있다면, 그들은 그렇게 하려고 할 것이다.

다수의 골프 코스가 유기물과 농약을 배합하여 사용해오고 있다. 농약을 사용하는 대신에, 천연 유기 물질을 사용하여 해충을 처치하고 토양을 비옥하게 만든다. 이해하기까지는 시간이 걸릴 수 있지만, 점점 많은 코스들이 회원들의 친환경적인 욕구를 반영하기 위해 변화하고 있다.

살충제와 화학 비료에 노출되는 것을 두려워하고 거부하는 사람들에게 여기 유용한 팁을 소개한다.

- 잔디로부터는 어느 것도 입으로 가져가지 마라. 잔디의 잎사귀나 골프 티를 씹지 마라. 잔디와 접촉을 하고 나서는 어떤 음식도 먹지 않도록 조심하라. 최근 시가(cigar)가 골프 코스에서 대중화되었는데, 스윙을 하는 동안 잔디 위에 놔두지 마라. 시가가 농약을 직접적으로 옮길 뿐만이 아니라, 일부 코스는 오수처리장에서 오수를 끌어다 쓰기 때문에 세균 오염의 기회가 많다. 스윙을 할 때 시가를 보호하는 제품들이 최근 등장했다. 하나는 골프 티에 부착할 수 있는 작은 플라스틱 용기로 잔디 위에 고정시킬 수 있다. 다른 하나는 골프 백의 손잡이에 부착하는 알루미늄 용기다. 이런 제품은 시가 가게와 골프 전문점과 안내책자에 나와 있다.
- 코스 관리자에게 언제 어떤 농약이 사용되었는지 확인하라. 대부분의 골프 코스는 주중 이른 아침에 농약을 치고, 주말에 치는 경우는 드물다.
- 라운드가 끝나면 손과 아래팔을 씻어라.
- 날씨에 관계없이 긴 바지를 입어라.
- 잔디에 살충제나 비료를 뿌렸을 때는 경기를 하지 마라.
- 절대 맨발로 경기를 하지 마라.

골프 볼 리버

대부분의 살충제는 간에 매우 치명적이다. 최근 "골프 볼 리버(Golf Ball Liver)"라는 새로운 골프 관련 위험 요소로 분류되었다. 아일랜드에 65세의 은퇴한 기술자는 매일 골프를 하면서 무기력과 복부가 불편함을 느껴왔고, 진한 소변과 황달이 나타나면서 마침내 급성 간염 진단을 받았다. 주치의는 그가 종종 골프공을 혀로 핥아서 깨끗이 한다는 것을 발견하기 전까지 원인은 미궁이었다. 그의 습관은 잔디의 잡초를 없애는 고엽제(Agent Orange)로 더 잘 알려진 2,4-D를 접촉하게 한 것이다. 유독성 제초제를 이용하여 정기적으로 잔디가 관리된다는 경고에도 불구하고 그렇게 했던 것이다.

주치의의 지시에 따라, 환자는 혀로 공을 깨끗이 하던 것을 그만두었고, 그의 증상은 사라졌다. 그러나 그 사람은 의사의 진단을 의심스럽게 생각해왔다. 골프 코스에 제초제가 다시 뿌려졌을 때, 입으로 골프공을 핥는 시도를 했고, 간염 증상은 재발했다. 지금은 공을 젖은 헝겊으로 닦는다.

진드기 물림

여름 날씨가 점점 뜨거워지면서 골프장으로 향하는 횟수도 증가하는데, 라임병과 로키산열 같은 진드기 매개성 질환을 피하기 위해 예방 조치를 할 필요가 있다. 이 질환은 조기에 진단되면 쉽게 치료된다. 그러나 골퍼들이 염두에 두는 경우가 많지 않아서 심한 증상이 나타나기 전까지는 오진하거나 놓쳐버리는 경우가 흔하다.

라임병

라임병(Lyme disease)은 대부분 감염된 사슴진드기(deer tick)에 물려서 발생한다. 이 진드기는 미국 북동부에 대부분 퍼져있다. 이 질환은 습기가 높은 우기에 대부분 널리 퍼지고, 건기에는 발생률이 떨어진다. 라임병에 감염된 진드기에 의해 물리면 고리 모양의 황소 눈처럼 보이는 것이 특징인 발진을 일으킨다. 의사가 이 발진을 생검하면, 라임병을 일으키는 코르크 마개뽑이(corkscrew) 모양의 박테리아가 발견된다.

라임병의 발진은 반드시 진드기에 물린 부위에 나타나는 것은 아니고, 다만 감염된 사람의 1/3 정도에서 "황소의 눈"이 생긴다. 그래서 경기 후에 특이하거나 원인 모를 반점이 발견되면 의심을 해보아야 한다. 어떤 사람이 라임병에 걸렸는지 확인하기 어려운 이유 가운데 하나가, 인체의 면역 체계가 탐지할 수 있는 항체를 만들어내기까지 몇 주가 소요되기 때문이다. 심지어 감염된 사람이 증상을 나타내지만, 혈액 검사에서는 드러나지 않을 수 있다.

항생제를 이용한 조기 치료는 라임병을 완전히 예방할 수 있다. 치료가 안 되면 독감유사 증후군(flu-like syndrome)에서 무릎과 다른 큰 관절의 감염으로 발전해 가고, 본격적인 관절염성 증상과 신경학적 증상이 고착될 수 있다. 연구 진행 중인 새로운 항체 검사는 진단과 치료를 가속화시킬 것으로 예상된다. 이 검사는 감염의 치료를 위해 항생제를 구강 혹은 정맥으로 투여할 지 결정하는 데 도움을 줄 것이다.

라임병 백신은 판매 허가를 기다리고 있는 중이다. 판매가 이루어지면, 아마도 위험 지역에서 경기를 하는 골퍼들은 백신 접종을 당연히 하게 될 것이다. 백신은 라임병에 대한 80%의 면역 능력을 12개월간 지속하기 위해서 3종의 접종을 해야 한다. 백신 효력이 떨어지는 65세 이상의 노인은 면역 능력을 유지하기 위해서 2차 접종이 필요할 수도 있다. 접종을 한 사람이라도 질환에 대한 진드기 방충제(현재 일부 자외선 방지 크림에는 포함되어 있기도 하다), 보호 의류, 그리고 엄밀한 진드기 퇴치와 제거(아래 참조)와 같은 일반적인 예방 조치는 해야 한다.

록키산열

록키산열(Rocky Mountain spotted fever)은 아메리카 강아지진드기(American dog tick)에 물렸을 때 옮길 수 있다. 이 진드기는 미국 전역에 걸쳐 광범위하게 흩어져 있고, 특히 남동부와 중부에서 많이 발견된다. 리케차(rickettsia), 박테리아가 아닌 미생물, 바이러스나 진균에 의해서 발생한다.

록키산열의 전형적인 징후는 작고 얼룩이 있는 발진으로 처음에는 손바닥과 발바닥에서 나타나서 몸의 다른 부분으로 퍼져나간다. 진드기에 물리고 이틀 정도가 지나면 심한 두통과 고열, 근육통, 그리고 무력감이 나타난다.

이 질환이 치료되지 않으면 몸을 떨면서 추위를 느끼고, 간헐적 복통, 메스꺼움, 심한 두통, 배부 경직, 정신 혼동, 그리고 마침내 의식 소실로 이어진다. 다음 단계는 신장, 간, 폐, 그리고 혈액에 손상을 줄 수 있다.

두 번의 혈액 검사는 감염을 진단하는 항체를 측정한다. 두 번째 검사는 발병한지 10~14일 후에 항체의 대량 증식 여부를 확인한다. 항생제 치료가 지연되면 더 심한 질병으로의 위험이 증가한다. 일반적으로는 항생제로 록키산열을 치료한다. 그러나 이 질환이 올바른 방법으로 처치되지 않으면, 내장 기관의 손상을 치료하기 위해 입원치료를 필요로 할 수도 있다.

진드기의 제거

만약 진드기에 물렸다면, 가능한 것은 종이 타월을 넣은 용기에 진드기를 잡아넣어 냉장고에 보관하라. 10일에서 2주 사이에 증상이 나타난다면, 진드기는 검사에 들어갈 수 있다. 모든 진드기가 감염되지는 않더라도, 감염이 발생하면 그것은 질병을 어떻게 진단하고 치료할지를 아는 데 있어서 중요한 수단이 된다.

진드기는 티슈나 집게(tweezers)로 머리를 밀착시켜 잡고 제거하는데, 몸에서 분리가 될 때까지 계속 당긴다. 진드기를 직접 만지지는 마라. 겸자(forceps)는 진드기를 문드러지게 하거나, 머리와 몸통을 떼버리거나, 침샘을 문드러지게 하므로 사용하지 않는 것이 좋다. 부가적으로, 알코올이나 성냥이나 핀의 머리, 혹은 바셀린을 사용하지 마라. 이런 방법들은 진드기로 하여금 침을 더 흘리게 만들어 체내에 독을 더 퍼지게 한다.

일단 진드기가 제거되면 알코올로 물린 부위를 문질러 감염을 최소화시켜라.

진드기에 대한 예방 조치

진드기 매개성 질환을 예방하는 최상의 방법은 골프장의 수풀처럼 진드기가 밀집된 지역을 피하는 것이다. 기타 예방조치는 다음과 같다.

- 경기 후에는 특히 두피, 겨드랑이, 사타구니, 허리춤, 그리고 무릎 뒤쪽 등 몸에 진드기가 있는지 검사하라. 이 부위는 진드기를 찾기가 어려운 곳이다. 피부가 노출된 곳은 모두 검사하라.
- 짙은 색의 진드기를 찾을 수 있도록 밝은 색의 옷을 입어라. 진드기는 핀의 머리만큼이나 작을 수도 있다.
- 발목을 덮는 양말을 신어라.
- 피부가 노출된 곳에 진드기 방충제를 뿌려라. 옷 또한 특수한 유형의 방충제로 보호 처리되어야 한다.
- 러프[23]나 숲을 지나기 전에 바지를 양말 속으로 접어 넣어라.
- 경기가 끝나면 진드기를 뗄 수 있도록 목욕수건으로 문지르면서 샤워하라.
- 고온에서 골프 의류를 세탁하거나 고온의 의류 건조기에서 20분간 건조시켜라. 진드기를 죽일 수 있다.

EMERGENCY 벌레 물림과 벌에 쏘임

어느 뜨거운 날 플로리다에서 경기를 하던 중, 소다수를 마시려 하는데 말벌이 캔의 테두리에 앉아 있다가 나를 쏘았다. 윗입술의 안쪽이 부어올랐고, 심한 통증을 일으켰지만, 우리 그룹은 코스의 끝에 있어서 그냥 진행을 해야 했다. 적어도 입술의 통증은 산만하게 게임에 임하도록 하였다.

골퍼들은 확실히 벌레 물림에 노출되어 있다. 늪지는 모기를 포함해서 수 많은 벌레들의 번식지다. 비록 성가실지언정 대체로 모기에 의해 물리는 것은 심각하지 않다. 일반 의약품인 하이드로코르티손[24] 크림이 대부분의 물림 증상 치료에 효과적이다. 특히 플로리다 북부에서는 겨울철에 경기를 하는 동안, 아돌프 육류연화제(Adolph's Meat Tenderizer)와 물을 섞어 만든 걸쭉한 반죽이 (가려움 등을) 즉시 경감시켜준다는 것을 발견

23) 러프(rough): 그린 및 해저드를 제외한 코스 내의 페어웨이 이외의 부분. 풀이나 나무 등이 그 대로 있는 지대.

24) 하이드로코르티손(hydrocortisone): 부신피질스테로이드의 하나.

하였다. 반죽이 건조되면 물로 씻어버리고, 물린 자국이 남아 있으면 다시 붙여라.

벌레들이 성가시게 한다면, 경기 전에 방충제를 사용하라. 스프레이는 피부에 뿌리는 것과 몸에 뿌리는 두 가지 유형이 있는데, 사용에 앞서 어느 것을 쓸지 확인하라.

벌에 쏘이면 고통스럽고 골퍼가 벌에 대해 알레르기가 있다면 치명적일 수 있다. 알레르기의 병력이 있는 사람은, 에피네프린(epinephrine)을 함유하고 있는 최신의 에피펜[25]을 골프 가방에 넣고 다녀야 한다. 이 주사는 벌에 쏘여 발생하는 알레르기 반응(allergy reaction)을 중화시키고 호흡곤란과 같은 심각한 면역 체계 반응을 예방한다. 골프 일행 가운데 누군가는 주사제가 어디에 있는지, 어떻게 사용하는지를 알아야 한다. 경우에 따라서 매우 민감하고 빠르게 반응이 나타나서 직접 주사를 못할 수 있기 때문이다.

호흡기 문제의 개선

벌레만이 무방비의 골퍼들에게 잠재적인 문제가 아니다. 알레르기항원은 호흡과 경기에 영향을 줄 수 있는 알레르기와 천식 같은 문제를 일으킬 수 있다.

알레르기

야외 활동이 진행되는 동안, 골프는 알레르기에 의한 잠재적 건강 문제를 증가시킨다. 골퍼는 알레르기항원에 노출되는 위험이 있어서 결과적으로 쇠약해질 수 있다. 코 알레르기는 3,500만 미국인이 가지고 있다. 증상은 재채기, 알레르기성 비염, 소양감, 눈물흐름, 안검부종 등이 나타난다. 감기가 1주일에서 1주일 반 이상 지속된다면, 알레르기의 가능성이 있다.

25) 에피펜(Epi-Pen): 에피네프린을 함유하고 있는 자가 주사 기구의 대표적인 제품으로 아나필락틱 쇼크가 발생한 경우 근육내 주사를 한다.

알레르기가 있는 사람은 인체가 꽃가루, 목제품, 먼지나 비듬과 같은 알레르기항원을 파괴할 필요가 있는 적으로 오인한다. 인체가 이들 항원을 공격할 때, 코는 감염되고 붓는다. 이 염증은 코의 알레르기 증상을 유발한다.

알레르기를 조절하는 한 가지 방법은 원인을 조절하는 것이다. 이것은 집이나 직장에서 알레르기 공격을 촉발할 수 있는 알레르기항원을 피하거나 제거하는 것을 의미한다.

알레르기가 있는 대부분의 사람들은 약물 요법으로 성가신 증상을 조절한다. 몇몇 사람들에게는 일반의약품 가운데 항히스타민제(antihistmines)나 충혈제거제(decongestant), 혹은 비강분무제(nasal sprays)가 효과적이다. 그 외 사람들은 전문의약품을 필요로 한다.

몇 가지 다른 유형의 약물들이 알레르기의 치료에 일반적으로 사용된다. 항히스타민제는 화학적 히스타민의 영향을 방어함으로써 증상을 감소시킨다. 졸음은 흔한 부작용이다. 충혈제거제는 콧속의 혈관을 수축시키는 작용을 한다. 충혈제거제를 너무 자주 혹은 너무 오래 사용하면 증상이 나빠질 수 있는데, 이런 것을 반등효과(rebound effect)라고 한다.

항염증제 성분의 비강 분무제는 콧속의 염증과 부종을 줄여주는 작용을 한다. 가장 흔한 부작용은 비강 건조와 출혈, 혹은 콧속의 작열감이다. 알레르기 샷[26]은 당신의 몸을 특정 알레르기항원에 대해서 덜 민감해지도록 만들 수 있다. 이 방법은 아주 적은 양의 알레르기 항원을 주사하여 당신의 몸이 견디어 내는 것을 익히게 된다.

새로워진 알레르기 약물은 졸음을 유발하지는 않지만, 처방전을 필요로 한다. 이런 진정 효과가 없는 항히스타민제 알약은 충혈제거제가 있는 것과 없는 것, 두 가지 부류를 사용할 수 있다. 비강 스프레이는 항히스타민제나 혹은 부신피질 유도제를 함유하고 있는 것을 모두 사용할 수 있다. 충혈제거제는 콧구멍을 확장시키지만, 핵심 성분인 슈도페드린(pseudo-

26) 알레르기 샷(allergy shot): 의학적으로는 알레르기 민감상실 혹은 알레르기 면역요법으로 알려져 있다. 면역 체계를 흥분시키도록 알레르기 소인이 있는 사람에게 주사제를 점진적으로 양을 늘려가는 것으로 알레르기와의 싸움을 완화하거나 정지시키는 것을 목적으로 한다.

phedrine)은 각성을 유지시키고 심장 박동을 유발할 수 있다. 당신에게 최상의 약효를 발휘하기 위해서는 의사가 지정한 범위 내에서 사용하는 것이 중요하다. 예를 들어, 어떤 사람은 12시간마다 충혈제거제를 복약해야 하지만, 어떤 사람은 야간에는 복약할 필요가 없다.

알레르기 약은 약효를 발휘하기까지 1시간 정도 소요되기 때문에, 경기를 시작하기 전에 복약해야 한다. 비강 스프레이는 곧 발휘하지만, 코스에 있는 동안 반복해서 뿌려야 한다. 그래서 나는 골퍼들에게 지속시간이 긴 경구용 알레르기 약을 준비할 것을 권고한다.

천식

천식(asthma)은 폐로 연결되는 기도를 감염시키는 알레르기항원이나 자극물에 의해 발생하는 만성적이고 때로는 치명적인 질환으로, 갑자기 기도를 폐쇄시킬 수도 있고 호흡 능력을 손상시킬 수도 있다. 천식을 유발하는 가장 중요한 물질이나 상태는 알레르기, 상기도감염, 흡연, 간접흡연, 먼지, 찬 공기, 운동, 아스피린, 그리고 미세먼지나 이산화황, 오존 혹은 스모그를 함유한 공기이다.

골퍼들에게 확인되는 대부분의 천식은 알레르기성이다. 꽃가루, 잔디, 그리고 러프의 잔디는 이런 알레르기항원에 민감한 골퍼에게 천식 발작을 유발할 수 있다. 골프의 운동 강도는 운동유발성 천식(exercise-induced asthma)을 유발할 만큼 높지 않다.

누구나 천식에서 "시끄러운" 부분 즉, 기침(coughing), 쌕쌕거림(wheezing), 헐떡임(gasping)에 대해서는 알고 있다. 그러나 대부분의 사람들이 "조용한" 부분에 대해서는 익숙하지 않은데, 좁아진 폐내 기관지의 감염이 시끄러운 증상을 일으킨다. 기관지확장제나 크로몰린 나트륨을 함유하고 있는 흡입기로부터 한두 번 빨아들이면 붓고 염증을 일으킨 기도를 확장시키고, 대부분의 천식 환자들은 몇 분 이내에 다시 정상적으로 호흡을 시작한다. 그러나 흡입기가 잠재된 염증을 없애지는 못하고, 천식 환자의 대부분은 추가적인 항염증제를 복약하는 것이 필요하다.

최근 20년간 새로운 천식 약품 가운데 1등급은 미국식품의약국(Food

and Drug Administration, FDA)의 승인을 얻었다. 이 약품들은 천식 환자의 폐가 염증을 일으키도록 하는 류코트리엔(leukotriene)이라는 화학물질의 방출을 막는다. 통상적인 약물 치료에 이런 약품을 첨가한 천식 환자는 질환을 더 잘 관리하고, 부작용도 극미하거나 없다. 이른바 류코트리엔 반응 억제제를 복약하는 사람들은 약간 수월하게 호흡하고, 숙면을 취하며, 과감하게 흡입제의 사용을 줄이고 있다.

실험 중인 천식약물인 뷰데소나이드(budesonide)는 곧 가장 강력한 흡입 스테로이드(steroid)가 될 것이다. 그것은 맛과 냄새가 없고, 폐로 들어가는 느낌도 없으며, 부작용도 없다. 천식이 있는 골퍼들에게 또 프로나제(Flonase)는 하루 한 번의 비강 분무로 12시간 동안 천식을 촉발하는 알레르기 증상으로부터 해방시킬 수 있다.

더 나은 약물 치료와 안전한 약물 전달 체계는 천식을 치료 가능한 질병으로 만들었다. 류코트리엔 반응 억제제와 뷰데소나이드 같은 약물 치료는 천식의 자외선 방지 크림과 같다. 천식으로 "시끄러운" 증상이 나타날 때는, 염증에 의한 손상이 이미 진행된 것이다. 환자는 증상이 심해지기 전에 예방을 위해서 이러한 새로운 약물 치료를 할 수 있다.

모든 천식 약품은 의사 처방에 의해서만 사용할 수 있기 때문에, 의사는 어떤 준비를 하는 것이 당신에게 최선인지를 결정하고 치료를 관장하는 데 도움을 줄 것이다. 최신 약물로 잘 관리할 수 있기 때문에, 천식이 어느 누구도 골프를 즐기는 것을 막을 수 없다.

허리 박사의 건강한 골프, 안전한 골프 팁

이 책의 원저자가 주로 활동하는 미국과는 달리, 국내에서는 체열, 일광, 해충이나 호흡기 문제를 호소하며 진료실을 내원하는 환자는 드물다. 가끔 동남아 등지를 다녀와서 호소하는 경우는 있지만 극히 예외적이다.

과거에 비해 남성들도 일광차단제를 자연스럽게 사용하기 때문에 피부질환도 상당히 줄어들었고, 벌이나 기타 곤충에 의한 쏘임도 미국이나 다른 나라들과는 달리 교통과 의료기관이 발달해 있어서 큰 사고로 이어지지 않는 것도 다행이라 여겨진다.

5. 건강을 위한 보조 용품

골퍼들은 언제나 실력의 우위를 추구한다. 다른 스포츠와 마찬가지로 골프는 아마추어들조차 점점 경쟁적인 종목으로 바뀌어 가고 있다. 주말에 즐거운 시간을 보내려고 나갔던 일련의 사람들이, 이제는 재미를 추구하는 범위 내에서 온갖 종류의 경기를 다 하고 있다. 5달러짜리 낫소 공내기 시합도 골퍼의 피가 끓어오르게 한다. 다음 시합에서 상대를 이기기 위해서 그는 모든 것을 할 것이고, 어떤 것이든 시도할 것이다.

발전에 대한 갈망은 비용에 상관없이 가치가 있든 없든 건강에 대한 묘안의 유혹에 쉽게 넘어가게 만든다. 어떤 것들은 의약의 테두리에서 너무 떨어져서 엉터리 치료에 가깝다. 또 다른 것들은 적당히 활용되었을 때는 어느 정도 효과가 있다. 여기 골퍼들을 대상으로 판촉이 이루어지는 건강 관련 품목을 수집한 정보들에서 어떤 것을 활용해야 할지, 어떤 것을 하지 말아야 할지를 살펴보자.

운동 기구

골프 운동 기구는 단순한 탄력 튜브에서부터 "코치(The Coach)" 처럼 매우 복잡한 메커니즘의 기구까지 매우 광범위한 시장을 형성하고 있다. 모든 혹은 일부 기구들은 근력 강화에 도움이 되겠지만, 일반적으로 이득보다 지불되는 비용이 높다.

근력 강화 훈련

누구나 공을 멀리 날리고 싶어 하지만, 그러기 위해서는 근력이 요구된다. 몇몇 골프 기구들은 골프에 필요한 근육을 쓰도록 하여, 더 강한 힘을 키워주고 클럽 헤드의 속력을 개선시켜준다고 장담한다.

이런 장치들 가운데 몇몇은 플라스틱 손잡이와 탄력 튜브를 활용한다. 20~30분을 투자하여 골프에 맞는 운동을 하면 드라이브 거리를 늘리고 부상의 위험을 줄인다고 주장한다. 자기 몸의 저항을 이용하는 탄력 튜브 사용은 클럽 헤드의 속력과 조절 능력을 개선시켜 골프 스윙을 더욱 안정시켜준다.

적절하게 활용하면 이런 기구들은 그들이 말한 대로 효과를 거두고, 75달러 이상의 제품들은 보통 입문용 비디오를 포함하고 있다. 단지 몇 달러만 있다면, 의료기상에서 간단한 외과용 튜브를 살 수 있고 기본적으로 동일한 효과를 거둘 수 있다. 혹은 테라밴드(Theraband®)를 사용한다면, 자신의 근력에 맞게 저항을 3단계로 조정할 수도 있다. 이 밴드는 스포츠용품점이나 체육관에서 13 달러 정도면 구입할 수 있다.

외과용 튜브나 피트니스 밴드의 한쪽 끝을 문손잡이에 묶고, 다른 한쪽은 왼손에 감아쥐고서 동일한 운동을 할 수 있다. 닫힌 문을 마주보고 서서 마치 백스윙을 하듯이 왼팔을 왼쪽 어깨 위로 부드럽게 들어 올려라. 10회 반복의 3세트를 실시하라. 힘이 증가하면 탄력 밴드를 짧게 만들거나 더 강한 테라밴드를 사용하라.

데이비드 레드베터[27]가 창안하고 추천하는 "코치"는 골프 피트니스와 근력강화 시스템으로 광고되고 있다. 코치는 근육을 당신이 원하는 더 강한 상태로 만들어, 스윙을 더 안정시킬 수 있게 도움을 주도록 설계되었다. 10분 정도의 작동으로 스윙을 할 때마다 몸의 회전과 손의 위치를 조절하는 것을 가르친다.

이 기구는 저항에 맞서 자연스러운 스윙이 이루어지도록 한다. 스윙을 할 때 특정 근육을 움직인다는 것에 착안하여, 훈련을 매주 특성화시킨 것이다. 그러나 기구의 가격이 350달러 전후의 고가다. 교육용 비디오가 함

27) 데이비드 리드베터(David Leadbetter): 1952년 미국 출생. 세계적인 골프 지도자이자 저술가, 코스 설계자로 수많은 탑클래스 선수들을 배출했고, 전 세계 13개국 26개에 자신의 이름을 딴 골프 아카데미를 운영하고 있다.

께 제공되고 30일 이내에 환불 받을 수 있다.

클럽의 무게를 늘려 스윙을 하면 동일한 형태의 특별한 훈련을 할 수 있다. 100달러 미만의 무게를 늘린 클럽을 구입하거나, 도넛 형태의 웨이트를 구입하여 클럽에 끼울 수도 있다. 이런 5달러짜리 도넛 웨이트는 야구 선수가 타석에 들어서기 전에 다음 타자석에서 워밍업을 할 때 쓰는 것과 비슷하다.

무거운 기구를 이용하기 시작할 때는 주의를 기울여라. 천천히 시작하지 않고 클럽헤드의 속력을 점진적으로 늘려가지 않으면, 클럽 헤드의 갑작스런 무게 증가는 근육 당김 같은 부상으로 이어질 수 있다. 자신의 방식으로 풀스윙을 하되, 웨이트가 클럽을 너무 무겁게 만들어 버리기 때문에 전력을 다해 스윙을 하지 마라. 어떤 골퍼들은 도넛 웨이트보다 무거운 클럽을 선호하는데, 이는 클럽이 균형을 잃어버리게 할 수 있으므로, 다시 손익을 따져보라.

근력을 증가시키는 최선의 방법은 프리 웨이트[28]나 웨이트 머신을 이용하는 체계화된 근력 훈련 프로그램이다. 전신 프로그램은 단순히 골프 스윙에 쓰이는 근육을 단련하는 것보다 당신의 근력을 훨씬 더 개선시킬 것이다. 근육군의 균형을 잡는 것은 특정 근육들을 키우는 것보다 강하고 정확한 스윙을 구사하는 데 훨씬 중요하다. 예를 들어, 다수의 척추 전문가들은 골퍼들이 근육의 균형을 잡아주고 허리 근육의 긴장을 예방할 수 있도록, 통상의 스윙을 연습하기 전에 역스윙을 연습하고, 게다가 반대쪽으로 스윙을 연습하라고 충고를 한다. 골퍼는 절대로 테니스 선수가 균형을 유지하면서 포어핸드와 백핸드 스트로크를 하듯이, 허리 근육을 앞뒤로 감았다 풀었다 해서는 안 된다.

골퍼가 언제나 지속적으로 강화시킬 수 있는 부분은 아래팔이다. 의료기상에서 저렴하게 구입할 수 있는 한 손에 쥘 수 있는 고무공이나 약국에서 구입할 수 있는 핸드 퍼티[29]는 손과 손목, 그리고 아래팔의 근력을 증가시키

28) 프리 웨이트(free weights): 기계운동을 제외한 역기와 아령 같이 단순한 중량기기를 사용하여 자연스럽고 자유로운 신체의 움직임을 이용하여 훈련하는 것.

29) 핸드 퍼티(Hand Putty): 손, 손목, 손가락, 아래팔의 운동과 재활을 위한 탄력성 접합제의 일종.

는 훌륭한 도구들이다. 부드러운 고무공을 재킷 주머니에 넣고 다니면서 시간이 날 때마다 쥐어짜기를 반복하라. 손을 바꿔가며 양손 모두 강화하라.

재활운동 기구

근육 부상의 재활에 사용되는 비치볼 크기의 고무공은 과거 몇 년간 엄청난 인기를 끌었다. 우리는 뉴욕 자이언츠 풋볼 선수들의 허리, 엉덩이, 다리의 부상을 재활하는 도구로써 고무공을 사용하였다. 그러나 당신이 이 공을 사용하기 위해서 다칠 필요는 없다. 이 공은 복부와 더불어 허리, 엉덩이, 다리의 근력과 유연성을 증가시켜 주는 훌륭한 도구이기도 하다.

이런 유형의 공은 스포츠 전문점이나 통신 판매를 통해 40달러 정도에 구할 수 있다. 어떤 제품은 사용 전에 공기를 채워야 하고, 손잡이가 있는 제품도 있다. 근력과 유연성을 키우기 위해 쉬운 운동 방법을 단계적으로 가르쳐 주는 비디오와 괘도가 함께 들어있는 경우도 있다. 그러나 나는 당신이 어떻게 공을 사용할지를 가르쳐 줄 훌륭한 운동 치료사나 개인 트레이너를 찾을 것을 권한다. 몇 번의 수업을 통해서 트레이너는 앉아서, 서서, 엎드려서 12회씩 반복 시행하는 20분짜리 근력강화 운동과 스트레칭 프로그램의 틀을 잡아줄 수 있다.

근력과 유연성뿐만 아니라, 커다란 공의 둥근 표면은 안정성(stability), 균형(balance), 그리고 고유감각(proprioception) 능력의 향상을 요구한다. 고유감각은 공간에서 자신의 자세를 인지하는 불균형을 보정하는 능력이다. 예를 들어, 한 발로 서서 30초 동안 균형을 잡아보라. 이제 눈을 감고 다시 시도해 보라. 당신은 균형을 유지하기 위해 발을 미세하게 움직이고 있는 것을 느낄 수 있다. 골프는 중력의 중심을 변화시켜가는 다차원적인 스포츠다. 균형감각과 고유감각을 키워야만 경기 능력을 향상시킬 수 있다.

최근에 선보이는 공의 변화된 형태는 폼 롤러(foam roller)다. 길고 단단한 원통형 구조는 마치 무거운 펀칭백을 뉘여 놓은 것 같다. 롤러를 이용한 운동은 근력을 증강시키고 등의 움직임을 늘려주는데, 특히 등의 윗부분을 강하게 단련시켜 준다. 롤러는 또한 균형 감각을 향상시키는 데 도움을 준다.

백바

덤벨의 손잡이 끝에 웨이트 대신 단단한 공이 매달려 있다고 생각하면 백바(Back Bar)의 모양이 가늠될 것이다. 백바는 자가 안마기로 광고되고 있다. 근육의 긴장을 덜어주기 위해 등의 지압점을 자극하는 역할을 한다. 백바의 양쪽 공 부분을 척추 양 옆 근육 부위에 가져다 두고 아래 위로 문지른다. 백바는 벽에 부착하거나, 더 강한 압박을 위해 바닥에 내려놓고 사용할 수도 있다. 대칭적인 디자인과 폭 조절이 가능해서 골퍼의 척추를 적절히 조절할 수 있도록 도움을 준다.

단단해져 아픈 등 근육을 이완시킨다는 의도로 광고되고 있는데, 그것은 몇몇 제품들이 내세우는 것 가운데 하나다. 백바는 빠르게 단단해져 아픈 지점을 찾아내고, 문질러서 안마할 수 있다. 확실히 골프에서 등 근육의 문제가 있을 때 자주 사용되는데, 고려해볼 만한 제품이다.

보호대

테니스 엘보 보호대

다수의 골퍼들이 스윙 때문에 테니스 엘보가 생긴다(8장 참조). 적절한 운동 프로그램에다가, 테니스선수들처럼 골퍼들도 저항력 있는 보호대를 사용할 수 있다. 이 보호대는 팔의 폄근(신전근)을 압박해서 팔꿈치 통증을 완화시킨다. 최고 제품 가운데 하나인 에어 캐스트®[30]는 공기 주입식 보호대로 통증을 조절할 뿐만이 아니라 재발을 방지한다.

발목 보호대

에어 캐스트는 공기 주입식 발목 보호대도 생산한다. 발목을 삐었던 사람은 누구나 완전히 치유될 때까지 높은 재발의 위험을 가지고 있다. 잔디가 패인 곳이나 돌을 헛디뎌 발목이 돌아갈 수가 있고, 다시 고통스런 발

30) 에어 캐스트(Air Cast): www.aircast.com 참조.

목 재활 과정을 거치게 만든다(11장 참조). 에어 캐스트 보호대는 골프화 위쪽에 발목을 감싸듯 착용하여 발목이 돌아가는 것을 방지한다. 동시에 걷거나 스윙을 하는 능력을 제한하지는 않는다.

허리 보호대

허리 통증은 골퍼들 사이에서 가장 흔한 문제 가운데 하나다. 허리 보호 제품의 변화는 허리 지지 기능에다가 근육의 통증과 스트레스를 덜어주는 것을 가능하게 하였다. 골프 전문점이나 골프 광고지를 통해서 60달러 정도에 구입할 수 있다.

투어벨트®[31]는 공기 주입식 에어백이 있다는 것을 제외하고는 건설 노동자나 짐꾼이 착용하는 허리 보호대와 외견상 비슷하다. 벨트에 필요한 만큼 공기량을 조절할 수 있는 밸브가 있다. 이것이 허리를 지지할 공기량을 조절한다. 이 벨트는 골프 의류 안으로 혹은 밖으로 착용할 수 있다.

솔리드 스포트(Solid Sport)에서 생산하는 크기 조절이 되고, 탄성이 있으면서 허리를 지지 구조가 내장된 스포츠 반바지가 있다. 옆구리 쪽으로 좁혀지면서 허리에 가해지는 부담을 분산시킨다. 제조업체는 섬유가 수분을 배출한다고 하지만 더운 날씨에는 불편해 보인다.

허리 지지대는 허리 통증이 있는 골퍼들에게 도움이 되지만, 허리의 문제를 예방하지는 않는다고 충고한다. 지속적으로 허리 보호대를 사용하면 근육이 일을 하는 것이 아니라, 보호대가 일을 하게 되므로 허리 근육이 강화될 기회를 막게 된다. 결국 근육이 보호대에 의지하게 되고 부상에 더 쉽게 노출된다.

골반 보호대

레이먼드 플로이드[32]를 포함하여 일부 프로 골퍼들은 다른 운동 선수들

---

31) 투어벨트(Tourbelt): www.tourbelt.com 참조.

32) 레이먼드 플로이드(Raymond Floyd): 1942년 미국 출생. 1962년 프로 데뷔, 메이저 대회 4회 등, PGA 투어 22회 우승.

을 흉내 내어서 라이크라 파워(Lycra® Power™) 바지를 입기 시작했다. 이는 프로 풋볼 선수들이 근육 당김을 예방하기 위해 수년간 사용해온 고무 재질의 검은 색 바지로, 무릎까지 내려와 허벅지를 덮는 것이다. 이 부위의 혈액 순환을 증가시켜 체온을 끌어올려서, 결과적으로 근육을 늘려주는 역량을 향상시키는 것이다. 특히 나이든 골퍼는 유연성이 떨어진다. 경직된 근육을 늘려주기가 힘들어서 이 바지를 입고 준비를 하는 것이 쉽다. 따라서 만약 당신이 엉덩이나 허벅지 근육에 문제가 있으면 골프 바지 안에 이 바지를 입는 것이 도움이 될 것이다.

골프 가방

골프 클럽을 옮기는 가장 좋은 방법은 무엇일까? 내 생각으로는 특히 골프 라운드 동안 대부분을 차지하는 운동이라는 점에서 가방을 옮기는 것은 제일 먼저 시작하는 운동이고, 이를 지속하는 것이 최상의 방법이다. 개인적으로는 가벼운 캔버스 가방을 선호한다.

카트를 끌고 가면서 골퍼는 걷게 되고 어느 정도 운동 효과를 거두며, 전체 장비를 언제든 쓸 수 있는 상태를 유지한다. 허리 문제가 돌발할 때에는 어쩔 수 없이 카트를 끄는 것이 최선의 해결책이 될 수 있다. 어쨌든 골퍼는 코스를 걷는 편이 낫다. 전동 카트에서 덜컹거림이 아픈 허리에 위해가 될 수도 있기 때문이다.

또 다른 대안은 양쪽 어깨로 매는 골프 가방이다. 이런 가방은 무거운 골프 가방을 한 쪽 어깨로만 옮기면서 발생하는 긴장을 줄이기 위해 디자인되었다. 이런 제품은 토너먼트 경기에서 하루에 36홀씩 누벼야 하는 대학생 골퍼들 사이에서 처음 사용되었다.

더블 스트랩 가방(double-strap bag)은 양쪽 어깨에 부담을 분산시켜서 무게를 고르게 균형을 잡는 배낭의 원리에서 착안되었다. 비록 가방의 무게가 척추에 실려서 약한 허리라면 긴장을 일으킬 수 있지만, 좀 더 편안하게 클럽을 가지고 다니는 방법이다.

짧은 거리에서는 한쪽으로 매는 가방으로 사용할 수 있는 것을 포함하여 다양한 디자인의 제품이 있고, 페어웨이에 세울 수 있도록 보조 다리가 달려 있고 바닥이 평평한 제품도 있다. 이런 가방들은 어깨걸이를 착용했다 벗기가 불편할 수도 있다. 전체적으로 어떤 이점을 얻을 수 있는지, 어깨의 통증과 피로를 덜 수 있는지를 확인하고 사용하라.

전동 보행 골프 카트

아마도 골프용 기계 장비에 있어서 최고인 전동 보행 골프 카트(electric walking golf cart)는 현재 여러 형태로 활용할 수 있다. 배터리 충전식 카트는 골퍼들이 걷는 동안 그들을 앞서거나 뒤따르면서 클럽을 실어 나른다. 어떤 카트는 무선 조정으로 클럽을 전해 주기도 한다. 이런 발상은 골퍼가 코스를 즐기면서 걸을 수 있도록 하여, 카트를 끌거나 클럽을 옮기면서 관절에 긴장이 발생하는 위험을 없애고, 더 향상된 심혈관 활동을 하도록 한다. 이런 동력 카트는 또한 골퍼가 클럽에 의한 부담이 줄어들어 피로를 덜어준다는 평가를 받는다.

이런 카트는 쇠약하거나 신체조건이 불리한 나이 많은 골퍼들에게 도움이 된다. 그러나 대부분의 골퍼들이 가방을 가지고 다니는 것이 성가시다는 이유로 걸어 다니기보다는 전동 카트를 타고 다니려는 경향이 있다.

회전근개(rotator cuff)의 문제가 있는 골퍼들은 전동 보행 카트를 사용하는 것이 유리할 수 있다. 카트를 끌 때 어깨의 자세는 약해진 회전근개에 긴장을 초래할 수 있어서, 어깨에 문제가 있는 건강한 골퍼들은 전동 보행 카트를 사용할 수 있다.

의료용 자석

1980년대 초, 나는 테스트를 위해 의료용 자석 세트를 받았다. 나의 아내 게일은 그 당시 발이 좋지 않았고, 나는 단단한 금속 조각을 그녀의 신발에 붙였다. 세일즈맨은 그녀에게 도움이 된다고 주장하였으나, 단지 그녀의 발은 더 불편해지는 것을 느꼈다. 그는 또 내 허리 통증을 감소시키기 위해서 매트리스 아래에 두라고 하면서 커다란 금속 자석을 주었다. "당

신이 침대에서 일어날 때 100% 개선되는 것을 느낄 겁니다."라고 말하면서, 머리를 꼭 북쪽으로 하여 잘 것을 당부하였다.

의료용 자석이 허리 통증, 힘줄염, 관절염, 두통을 개선시켜준다는 주장이 지난 십 수 년간 퍼져있었다. 몇몇 프로 골퍼들이 자석을 붙이면 허리 통증을 감소시키고 최상의 상태로 돌릴 수 있다고 주장하였지만, 자석이 골퍼나 다른 종목의 선수들에게 효과가 있음을 보여준 의학적 증거는 없다. 프로 선수들이 추천을 했다는 것 때문에, 현재 미국인들은 통증을 감소시키기 위해 자석에 엄청난 비용을 쏟아 붇고 있다. 미국식품의약국(FDA)은 자석 요법에 의한 건강 효능을 주장하는 제조업자들과 의사들에게 경고를 했다.

자석은 이론적으로 신경의 말단을 흥분시키고, 이는 에너지의 저장과 혈액 순환 증가에 도움이 될 수도 있다. 가장 대중적인 제품은 허리를 감싸는 벨트에 착용하는 것으로 골퍼들에게 핵심인 운동범위를 증가시키면서, 허리 통증, 좌골 신경통, 그리고 근육 경직을 감소시킨다고 되어 있다. 또 다른 제품은 발의 피로와 통증, 엄지건막류(bunion), 족근 골극 증후군(heel spur syndrome), 관절염 등의 증상 경감을 위해 신발 안창 안에 넣도록 디자인 되었다. 자석 머리띠는 두통, 편두통과 스트레스를 경감시킬 수도 있다. 작은 50센트 크기의 자석은 손가락의 관절염, 엄지건막류, 족근 골극 증후군의 경우 손가락과 발가락에 붙일 수 있다. 작고 둥근 자석이나 신용카드 크기의 자석은 관절의 통증과 경직을 경감시키기 위해 목, 어깨, 엉덩이에 붙이기도 한다. 심지어 최신 골프화에는 자석이 내장된 경우도 있다.

골퍼들에게 팔렸던 이런 작은 자석들은 좋은 효과를 발휘할 수 없다. 손가락 크기의 자석에 의해서는 어떤 종류의 자력이 발생될 수 있을까? 거의 없다는 것이 답이다.

그것은 피암시성에 의한 산물이라고 말할 수 있다. 골퍼가 자석이 효력을 발휘한다고 생각하면, 약간의 효력을 발휘할 수도 있다. 자석이 어떤 작용을 한다는 과학적 증거는 없기 때문에, 그들이 보고한 통증을 경감시키는 효과는 위약효과(placebo effect)라고 밖에는 설명할 수 없다. 위약

효과는 의사도 환자도 환자가 복용하는 약이 진짜 약인지 위약(placebos)이라고 알려진 가짜인지 모른 상태에서 대조되는 과학적 연구에서 도출되는 것이다. 이런 형태의 연구는 어떤 약이 위약과 대조하여 실제 효과가 있는지, 이론적으로 효과가 없는지 확인할 수 있게 해준다. 실제 의학 연구는 의사가 환자에게 약을 준다고 말하면서 설탕 정제를 주더라도 환자의 40%가 실제 반응을 한다는 결과를 보여준다.

비록 위약효과의 정확한 원천은 알려져 있지 않지만, 전문가들은 몸과 마음의 상호작용이라고 여긴다. 약효를 발휘할 것이라는 희망과 믿음에 관련되어 있다고 그들은 추측한다. 복용을 하면서 자신의 상태를 조정하는데 도움을 주기 위해서 무언가를 하고 있다고 생각하기 때문이다. 사람이 치료에 대한 강한 믿음을 가지고 있을 때 선천적인 통증 매개자와 엔도르핀을 변화시키고, 약물은 몸이 통증을 견디는 천부적인 능력을 돕운다.

비록 드물긴 하지만, 증상의 자연스러운 경감이 나타난다. 많은 사람들이 통증 경감을 위해 자석을 사용한다면, 소수의 사람들은 좋아진다고 느끼게 될 것이다.

수년간 선수들과 트레이너들로부터 통증이 개선되었다는 일화를 들어왔기 때문에, 나는 여러 차례 작은 자석을 뉴욕 자이언츠 선수들에게 사용해왔다. 그러나 나는 증상의 개선을 본 적이 없고 치유 시간도 일반적인 치료법보다 길었다. 나는 선수들이 "자석을 사용하면서 더 좋아진 것 같아요."라고 말하는 것을 들어본 적이 없고, 더 이상 사용하지도 않는다.

스포츠 의학 분야에서·잘 낫지 않는 골절의 치료를 촉진하기 위해서 고역가 전자석을 사용하는 경우가 있다. 이 자석들은 석고붕대 속에 박혀 있거나 팔다리를 (붕대 등으로) 감싼다. 고출력 전자자기장이 특정 사례에서 치유 효능을 개선시키는 것은 알려져 왔다. 이런 자기장은 골퍼들이 가지고 있는 작은 자석들에 비해 훨씬 더 강력하다.

자석의 효과에 대한 연구는 진행 중이다. 베일러 의과대학(Baylor College of Medicine)에서 이루어진 소규모 예비 연구는 약간의 기대를 가지게 하였는데, 그것이 마지막은 아니었다. 만성 통증이 있는 50명의 소아마비 후유증 환자에게 통증 유발점에 직접적으로 작은 장치를 접촉시켰다. 일부 장치는 작동을 하는 반면에, 나머지는 작동을 하지 않는 거짓 장치였다. 환자와 의사는 환자가 제공받는 치료가 무엇인지 모른 채 진행되었다.

45분 동안, 가짜 자석으로 치료를 받은 21명은 미미한 감소를 나타낸 것에 비해, 진짜 자석을 제공받은 29명의 환자는 통증의 뚜렷한 감소를 보고하였고 부작용도 나타나지 않았다. 연구자들은 다양한 힘의 자석들이 만들어내는 효능의 차이, 얼마나 효과가 오래 지속되는지, 복합적으로 응용한 뒤에 효과가 사라지는지, 자석을 이용한 통증 관리 대(對) 전통적인 약물 치료나 물리 치료의 비용 효과에 대해서 탐구하는 새로운 연구가 필요하다고 결론을 내렸다.

구리 팔찌

나는 인근 골프숍의 젊은 티칭 프로인 존이 손목에 구리팔찌를 착용하고 있는 것을 발견하여, 그에게 왜 착용하고 있는지 물었더니, "훨씬 편안하게 해줘요."라고 대답하였다. 그는 관절 통증이나 관절염, 혹은 다른 건강 문제도 없었고, 보통 70대 타수를 기록하고 있었다. 편안하게 느끼는 것이 당연했다.

얇은 구리 팔찌(copper bracelets)가 관절염, 힘줄염, 그리고 다양한 통증을 개선시켜준다는 다양한 주장이 있다. 이런 상태는 구리 부족으로 발생하고, 소량의 구리가 팔찌로부터 피부를 통해 흡수된다는 이론이다.

거기에는 구리 팔찌의 효과에 대해서 어떠한 재현 가능한 과학적 증거는 없었다. 몇몇 사람들은 편안하다고 느끼는데, 한편으로는 피암시성과 위약효과에 의한 것이다. 그 결과는 일시적인 것이고, 실재로 잠재된 문제를 해결하는 것은 아니다. 일부 유형의 관절염처럼 진행 중인 질환이 있는 사람들에게는 의미가 있다. 일반적으로 관절염 환자는 관절의 파괴를 늦출 무언가를 필요로 한다. 구리 팔찌는 더 편안해짐을 느끼도록 하는 훌륭한 위약이지만, 질병의 진행 단계에서 오래 지속되지는 않는다.

우리는 구리 팔찌가 어떠한 위해도 가하지 않는다는 것을 알고 있기 때문에, 더 편안하다고 느끼는 골퍼에게 구리 팔찌를 빼라고 할 이유는 없다. 팔찌가 덮고 있는 피부는 푸르게 변할 수는 있지만, 해가 되는 일은 발생하지 않는다.

합금 팔찌

팔찌의 또 다른 유형은 금속 합금으로 만들어 지고, 양쪽 끝에 공 모양의 장식이 달려 있다. 양성 에너지와 음성 에너지의 불균형을 조정한다고 알려져 있다. 나는 양성 에너지와 음성 에너지라는 것도 그것들이 신체의 균형을 깨뜨리는 다는 것을 신뢰하지 않는다. 의학 논문이나 인체 생리학 교과서 어디에도 이런 에너지에 대해서 논의되는 것이 없다. 동양 의학에서는 기(氣)나 전신을 순행하는 에너지의 불균형에 대해서 가르치지만, 나는 이것이 의학적이라기보다는 형이상학이라 믿는다. 나는 합금 팔찌는 허구의 영역이라고 생각한다.

식품

하이 에너지 바

하이 에너지 바(High-Energy Bars)는 기본적으로 그라놀라[33] 바가 강화된 것이다. 이 제품들은 약 200kcal를 함유하고 있고, 단순 그라놀라 바보다 훨씬 많다. 포도당보다 과당을 더 함유하고 있기 때문에 보통의 초콜릿 바를 능가하는 장점을 가지고 있다. 과당은 갑작스런 혈당의 상승을 피하는데다, 초콜릿 바에서 나오는 포도당은 피로를 야기한다.

에너지 바는 골프가 아니라 실제로는 산악 등반처럼 격한 운동에 맞도록 고안되었다. 하루에 18홀 혹은 그 이상을 도는 골퍼들이 허기를 넘기는데 유용하고, 확실히 에너지 수준을 향상시키는데 도움을 준다. 작은 포장은 확실히 휴대가 편하고 요란스럽지 않게 먹을 수 있다. 선택의 기회가

33) 그라놀라(granola): 납작 귀리(rolled oat)에 건포도나 황설탕을 섞은 아침 식사용 건강 식품.

주어진다면, 에너지 바가 초콜릿 바에 비해서 당신의 몸에 더 높은 영양을 제공한다. 나는 아직 균형 잡힌 식품의 섭취를 선호해서 간식 가방에 바나나나 베이글을 가지고 다닌다. 실제, 최근 연구에서 베이글이 에너지 바와 비슷한 정도의 탄수화물을 공급한다는 것으로 알려져 있다.

특화된 에너지 바는 특히 집중력과 에너지를 증가시켜 정숙을 요구하는 골퍼들을 상대로 판촉이 이루어지고 있다. 에너지 바는 허브, 비타민, 아미노산과 골퍼들에게 코스에서 유효한 작용을 하는 영양소들이 포함되어 만들어 진다.

주요 성분을 살펴보자. 에너지 바는 뇌의 혈류를 증가시키는 한약재로 알려진 은행(銀杏, ginkgo biloba)을 함유하고 있다. 최근 연구에서 은행은 알츠하이머병[34]의 악화를 늦춘다고 알려져 있다. 그러나 어느 누구도 적은 양의 은행을 먹는 것이 골프를 하는 동안 집중력을 개선시킬지는 알지 못한다.

에너지 바에 포함되어 있는 아미노산은 식이 단백질 속에 들어 있다. 보통의 미국인들은 일일 필요 단백질의 7배를 섭취하고, 남은 아미노산은 단순 잔여물이 되어서 소변으로 배출된다.

극도의 기아 상태를 제외하고는, 에너지 생산을 위해 몸이 단백질 신진대사를 하지 않기 때문에 잉여 단백질은 쓸모가 없다. 탄수화물은 에너지 바에서와 마찬가지로 잉여 에너지를 공급한다.

비타민 B12는 긴장완화를 위해 첨가되었다. 이 비타민의 기능은 헤모글로빈을 생산하는 것이다. 스트레스를 감소시킨다는 증거는 없고, 장관(腸管)에서 극소량이 흡수된다.

---

34) 알츠하이머병(Alzheimer's disease): 퇴행성 뇌병. 노인에서의 치매의 원인 중 가장 흔한 형태이다. 병리조직학적으로는 뇌의 전반적인 위축, 뇌실의 확장, 신경섬유의 다발성 병터(신경섬유뒤틀림)와 노인반(neuritic plaque) 등이 특징이다. 임상적인 특징은 점진적인 기억-판단-언어능력 등 지적인 기능의 감퇴와 일상생활능력-인격-행동양상의 장애이다. 병에 걸리면 초기에는 이름-날짜-장소와 같은 것들이 기억에서 사라지고, 심해지면 화장실을 가거나 요리를 하거나 신을 신는 일 등의 일상생활조차도 잊게 된다. 동시에 우울증세나 인격의 황폐, 격한 행동 등의 정신의학적인 증세도 동반된다. 이러한 증세들이 점전적으로 진행되어 결국은 죽음에 이르게 된다. 발병 후 서서히 죽음에 이르는 기간은 6~8년 정도이지만 사람에 따라 20년이 넘는 경우도 있다.

비타민 E는 항산화제로 알려져 있으나, 항산화제가 경기력 향상에 어떤 역할을 하는지는 아무도 모른다.

인삼(人蔘, ginseng)의 흥분 작용은 카페인과 비슷한 것으로 알려져 있다. 최근 프로 풋볼, 야구, 배구 선수들이 인삼을 복용하였다. 기본적으로 경기력 향상에는 도움이 되지 않았다. 그리고 긴장완화 효과가 있어 첨가된 캐모마일[35]이 인삼의 흥분 효과를 중화시키는지 의문이다.

스포츠 영양 젤

씹지 않고 삼킬 수 있고 많은 양의 에너지를 젤 팩 속에 함축시키고 있는 스포츠 영양 젤(sports nutrition gels)은, 스포츠 영양제 시장을 새롭게 바꾸고 있다. 이런 젤 팩은 같은 양의 스포츠 음료보다 훨씬 많은 탄수화물을 함유하고 있다. 마라톤처럼 고강도 운동을 하는 동안 씹는 것은 어렵다. 그러나 골프는 고강도 스포츠가 아니다.

코스를 따라가면서 모든 음수대에서 스포츠 음료와 고(高)에너지 스낵, 그리고 물만 마셔도 된다. 이런 젤 류는 탈수를 일으킬 수도 있다. 고도로 함축된 탄수화물은 수분의 흡수를 매우 더디게 하고, 특히 뜨겁고 습한 날씨에 몸이 필요로 하는 물을 흡수하기 어렵게 만든다.

스포츠 음료

상점에 있는 새로운 스포츠 음료(sports drinks)는 다른 스포츠 음료와 마찬가지로 골프를 위해 개발되었다. 원래 노르웨이 크로스컨트리 스키팀을 위해 개발된 한 음료는, 설탕을 기본으로 하지 않아 당도는 낮고 에너지는 높아서 다른 음료들에 비해 안정되어 있다고 알려져 있다. 이 음료

35) 캐모마일(Chamomile): 쌍떡잎식물 초롱꽃목 국화과의 풀. 정유는 긴장을 완화시키고 몸을 따뜻하게 해주는 효과가 있다. 두통 · 편두통 · 신경통 등 통증과 염증에도 효능이 있으며, 위장장애가 있을 경우 차로 마시면 효과가 있고, 베개 속에 넣어두면 숙면을 취할 수 있다.

는 하루에 섭취하는 비타민제와 동등한 양의 비타민과 미네랄을 함유하고 있고, 두 가지 천연 카페인 유사 물질인 인삼과 과라나[36]가 첨가되었으며, 한 번 마실 때 7kcal만 섭취한다. 물에 녹여서 먹는 발포 정제라서 골프 코스에 가지고 다니기가 용이하고, 다른 고에너지 음료를 효과적으로 대체하게 될 것이다.

36) 과라나(guarana): 무환자나뭇과의 덩굴 식물. 잎은 어긋나고 깃모양 겹잎이다. 7~8월에 노란 꽃이 원뿔 모양으로 여러 개 피고 열매는 10~11월에 익는다. 씨에는 카페인이 있어 흥분성 음료 또는 강장제로 쓴다. 브라질이 원산지이다.

허리 박사의 건강한 골프, 안전한 골프 팁

이 장에서는 골퍼의 능력 향상을 위한 여러 용품에 대한 소개가 위주로 되어 있는데, 그 중에서 테라밴드는 상당히 실용적이다. 비용면에서도 그렇고, 사용이 간단하면서 부피가 작기 때문에 해외 골프 투어를 갈 때에도 휴대가 용이하기 때문이다. 조금만 관심을 가지고 찾아보면 테라밴드를 이용한 운동방법들이 상당히 다양하고 근력을 키우는데 있어서 상당히 도움이 된다.

최근 방송 광고나 다양한 매체를 통해 공기 주입식 허리 벨트가 많이 소개된다. 모든 제품이 그러하듯 광고에서 주장하는 만큼의 효과를 다 믿는 사람은 없으리라 생각한다. 허리 보호대를 비롯해 모든 보호대는 말 그대로 부상을 예방해보고자 하는 차원에서 사용하는 보조 도구일 뿐 만능 해결사는 아니다. 전문의의 조언을 받고 사용할 것을 권한다.

제3부

골프와 관련된 전신의 문제

- 어깨
- 허리
- 팔꿈치
- 손목과 손
- 무릎
- 다리와 발목
- 발

6. 어깨

골프 클럽의 반복적인 스윙은 종종 어깨에 피로를 가져온다. 골프는 기술적으로 팔 전체를 머리 위로 올려서 던지기를 하는 운동은 아니지만, 골퍼의 두 손은 백스윙(backswing)이나 폴로 스로(follow through)를 할 때 어깨 위에서 움직인다. 이는 어깨에서 적절한 동작을 조절하는 네 개의 작은 근육, 즉 회전근개(rotator cuff)의 위축이나 손상을 가져올 수 있다. 이러한 문제점들은 어깨 관절에서 영구적인 상처, 골질의 증식, 그리고 어깨 연골을 닳게 할 수 있다.

회전근개 손상

나이가 들어가면서 회전근개(rotator cuff)는 상처 입기 쉬워지고 잘 찢어진다. 골프에서 회전근개의 파열은 흔한 일이다. 일반적으로 골퍼들은 어깨 부상 중에도 계속 쓰고, 돌기가 빗장뼈(쇄골) 아래쪽에 자라기도 한다. 이는 회전근개의 공간을 감소시켜서 근육들이 실제적인 찢어짐이 없더라도 해어지기 시작한다. 나이든 골퍼들은 이미 회전근개에 손상을 받아왔고 돌기를 키어왔기 때문에 어깨 부상을 입기가 훨씬 더 쉽다.

젊은 골퍼들이라도 관절이 느슨해져 있으면 회전근개에 문제가 발생하는 위험에 대부분 처해진다. 백스윙이나 폴로 스로의 정점에서 이 근육들이 영향을 받기 때문에 힘줄염이나 근육의 감염이 발생할 수 있다. 부분적으로는 이두근힘줄염이나 이두근이 어깨에 붙는 부위에서 건이 감염되기도 한다. 직립자세에서 회전을 할 때, 어깨뼈의 골두가 관절와를 살짝 벗어나면 등이나 어깨의 정점에 통증을 유발한다. 이두근힘줄염 같은 감염은 팔의 옆면을 따라 내려가는 통증을 일으킨다. 대체로 오른손잡이 골퍼의 왼쪽 어깨가 손상을 입는데, 왼팔이 폴로 스로를 할 때 오른팔에 비해 더 많은 힘이 옮겨가기 때문이다. 야구의 투수는 감속단계(deceleration phase. 공을 놓은 뒤 팔을 멈춘 상태)에서 대부분 부상을 일으키는데, 이는 아마 골퍼에게도 마찬가지이다.

회전근개 문제의 잘못된 접근

많은 의사들이 진짜 문제—늘어난 어깨 관절—를 간과하고 항염증제나 부신피질호르몬제(cortisone) 주사로 어깨의 힘줄염을 치료한다. 그러나 항염증제는 곧 건을 닳게 하고, 다음 번 라운딩에서 그 건은 다시 감염되어 통증이 재발하게 되어서, 당신은 또 다른 주사나 더 높은 도수의 항염증제를 필요로 하게 된다. 이는 의사에게 좋을 수는 있으나, 당신에게는 나쁠 수밖에 없다.

회전근개 부상의 올바른 치료

최상의 처치는 회전근개가 견고한 어깨관절이 되도록 강화시키는 일련의 운동이다(아래 참조). 대부분의 젊은 골퍼들은 스스로 어깨 운동을 열심히 하기만 하면 더 좋아질 수 있다. 즉 자가 운동만으로는 효과가 없는 사람들은, 물리치료사를 통해서 특수한 운동 기계를 이용할 필요가 있고, 또 외과적으로 어깨를 고정시킬 필요도 있다.

노년의 골퍼들이 지속적인 어깨 통증을 가지고 있다면, 의사를 찾아가서 뼈돌기의 생성이나 회전근개의 파열을 예방해야 한다. 클럽으로 단단한 바닥을 파헤치는 골퍼는 회전근개의 근육 파열을 초래할 수 있다. 어깨의 극심한 통증과 동작의 상실이 그 증거다. 적절한 접근법은 비슷하다. 즉 회전근개 근육을 재활하고 재강화하는 것이다. 만약 재활과정이 효과적이지 않았다면, 당신은 관절경 혹은 고전적인 수술을 하는 외과적 처치가 필요하다.

어깨 운동

골퍼는 집에서 가벼운 프리 웨이트[37]를 이용해서 회전근개 근육을 강화할 수 있다. 다음의 운동들을 매일 50회씩 하거나 피로가 느껴질 때까지 시행하되, 7kg 이상은 사용하지 않도록 한다.

암 컬 Arm Curl　36페이지 참조
리버스 암 컬 Reverse Arm Curl　36페이지 참조
프론트 리프트(팜 다운) Front Lift(Palm Down)　33페이지 참조
프론트 리프트(팜 업) Front Lift(Palm Up)　34페이지 참조
래터럴 리프트 Lateral Lift　34페이지 참조
벤트 오버 래터럴 리프트 Bent-Over Lateral Lift　35페이지 참조
벤트 오버 체스트 리프트 Bent-Over Chest Lift　35페이지 참조

어깨 근육의 당김

골퍼의 어깨는 몸의 다른 부분처럼 동일한 기전으로 근육이 당겨지기 쉽다. 근육이 과도하게 수축하거나 과도하게 신장되면 근 섬유들이 파열된다. 적절한 처치는 어깨 늘리기(22페이지 참조)를 하고 강화 운동(위 참조)을 하면서 며칠간 쉬게 하는 것이다. 근육이 다시 당겨지는 것을 방지하기 위해서는, 공을 치기 전에 확실하게 준비운동을 하고 어깨 근육을 스트레칭 해야 한다.

어깨 주위의 복잡 다양한 근육들은 당겨질 수 있고, 자가 처치에 근육이 반응을 보이지 않는다면 의사를 찾을 필요가 있다. 의사는 어떤 근육이 손상 받았는지 진단할 수 있고, 해당 근육에 특별하게 고안된 물리치료 프로그램을 처방할 수 있다.

---

37) 프리 웨이트(free weights): 기계운동을 제외한 역기와 아령 같이 단순한 중량기기를 사용하여 자연스럽고 자유로운 신체의 움직임을 이용하여 훈련하는 것.

허리 박사의 건강한 골프, 안전한 골프 팁

어깨, 팔꿈치, 손목의 부상은 목의 문제와 함께 고려되어야 한다. 어깨 부상의 경우 1차 진료에서 단순 방사선 촬영만으로 뼈의 이상이 없음을 확인만 하고, 관절이나 기타 연조직의 손상을 간과하는 경우가 많다. 일정 기간 치료에도 어깨 통증의 개선이 없다면, 초음파나 자기공명영상(MRI) 등을 통한 정확한 진단이 필요하고, 아울러 목디스크 등 목의 문제가 없는지도 반드시 확인해야 한다.

실제 회전근개의 손상이나 관절낭 손상의 경우 단순 방사선 촬영에서는 발견이 되지 않는 경우가 많고, 자기공명영상에서만 발견되는 경우가 많아 조치 치료의 기회를 놓치는 수가 있다. 또 목의 문제가 1차적인 원인이 되었을 경우 목의 치료가 병행되어야 어깨를 비롯한 팔꿈치, 손목 등 상지의 문제가 개선된다.

한의학에서는 어깨 연조직과 관절의 손상이 있는 경우, 추나 요법과 봉약침, 한약을 병행하여 치료 효과를 높여나간다. 어깨는 손상의 상태에 따라 안정을 취해야 하는 경우가 있고, 운동 치료를 병행하여 가동 영역을 꾸준히 확보해야 하는 경우가 있으므로, 전문의의 진단이 우선되어야 한다. 다시 강조하지만 목과 어깨의 상관관계를 고려하지 않은 진단과 치료는 예후가 나빠질 수 있으므로 상당한 주의를 필요로 한다.

치료에 앞서 예방을 위해 평소 근력과 유연성 향상을 위한 운동이 필요하고, 연습과 경기 전 워밍업과 스트레칭의 중요성은 아무리 강조해도 지나치지 않다. 아울러 충분한 수분 섭취를 권한다.

7. 허리

허리 부상은 골퍼들에게 있어서 치명적이다. 골프 상해 가운데 가장 흔하면서, 대부분 과도한 사용이 원인이다. 골프 스윙에 의해서 허리에 가해지는 회전력은 보통 체중의 8배 혹은 그 이상이고, 허리뼈, 디스크, 인대와 근육에 영향을 준다. 아마추어 골퍼는 종종 충분한 워밍업도 하지 않고, 스윙 자세마저 불량한 상태로 경기에 임하다 보니, 근육 긴장, 디스크(추간판) 손상, 골절과 관절염의 고통을 당한다.

골프 스윙은 엉덩이 근육의 굴곡과 신전이 거의 없는 것에 비해, 엉덩이와 몸통 근육의 지속적인 회전을 요구한다. 결과적으로 엉덩이를 굴곡과 신전을 시키는 근육의 약화와 긴장을 초래하고, 불균형을 유발하여 요통을 일으킨다. 그 밖의 일반적인 원인은 복부 근육의 약화와 코스에서 언덕을 자주 오르내리는 것이다.

클래식 대(對) 모던 스윙

골프 스윙은 그 자체만으로도 허리에 문제를 일으킬 수 있다. 클래식 스윙에서 백스윙은 어깨 회전에 근접할 정도로 엉덩이가 회전하는 반듯한 스윙 면을 따라서 이루어진다. 폴로 스로에서 골퍼의 자세는 아래위로 쭉 뻗은 "I"자형 자세로 마무리된다.

모던 스윙은 임팩트 순간 클럽 헤드의 속력을 최고로 올릴 수 있는 힘을 축적하기 위해 가볍게 몸을 감는 것에 역점을 둔다. 스윙은 양손이 높이 올라가면서 왼쪽 어깨에 비해 오른쪽 어깨가 낮아지는, 골퍼의 몸이 역 "C"자형 자세로 마무리된다. 이러한 방식은 훨씬 강력한 만큼, 허리에도 훨씬 부담이 된다.

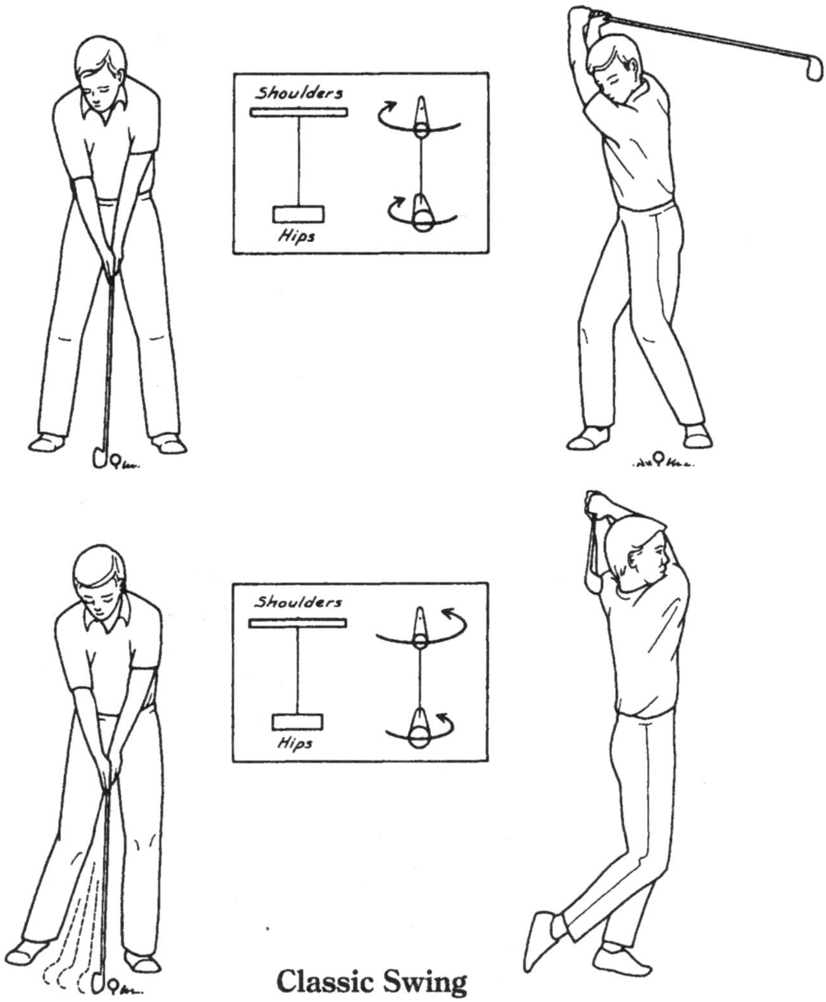

Classic Swing

만약 당신이 허리 문제를 잘 일으킨다면, 골프 전문가의 조언을 통해서 알맞은 스윙 방법으로 교정함으로써 문제를 예방해야 한다. 또 만성적인 허리 문제를 가지고 있다면, 클래식 스윙으로 바꾸는 것이 전적으로 당신의 안전을 위해 필요할 것이다.

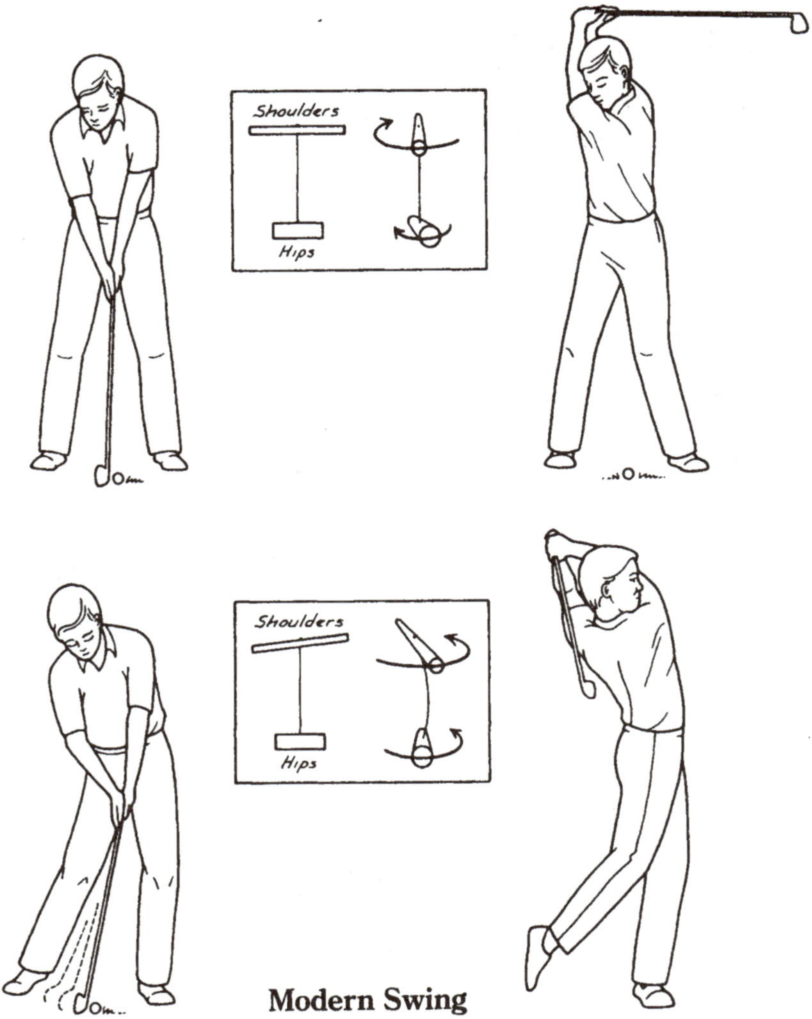

Modern Swing

근육 긴장

아마도 허리 부상의 95%는 근육 긴장이 차지한다. 허리의 큰 근육들은 몸에서 가장 강력한 근육들이고, 근육 긴장(muscle strains)이 발생했을 때는 척추 양쪽에 통증이 생기면서 만져보면 단단해지거나 긴장된다. 근육 긴장에 따라서는 급성적인 근육 당김이 되기도 한다. 통증이 심한 동안

에는 뚜렷한 근육 연축(spasm)이 시작되었다가 회복된다. 이러한 통증들은 발끝으로 내려가는 좌골신경통이나 연관통(referred pain)과 관계되지는 않지만, 나중에 척추의 신경근 부위에서 근육 당김이 생기면 발생할 수도 있다.

허리의 근육 긴장은 휴식과 항염증제로 회복될 수 있다. 골퍼는 아픈 근육에 20분 간격으로 얼음찜질을 반복해야 하고, 며칠간 골프는 쉬면서 항염증제를 사용하여 통증을 줄여야 한다. 증상의 개선을 느낄 때, 허리 스트레칭 프로그램으로 근육을 강화시켜야 다시 당겨지더라도 긴장되거나 짧아지지 않는다. 통증이 계속 남아있다면 의사를 찾아야 한다.

연중 내내 몸통 강화 운동을 하고 경기 전 준비운동 및 스트레칭을 한다면, 허리의 긴장을 예방하는데 도움이 된다.

MD 디스크 질환

디스크 질환은 골퍼들에게는 매우 드물지만, 쉽게 발견된다. 스윙을 할 때 허리에서 딸깍 혹은 빽 등의 소리가 들린다면 문제가 있음을 알 수 있다. 하루 이틀이 지나서야 다리에 통증이 생길 수도 있다. 통증은 디스크가 파열된 부근에서 나타난다. 아래쪽 허리의 디스크는 다리로 좌골신경통을 유발하고, 위쪽은 다리의 앞쪽을 타고 내려가는 통증을 유발한다. 보통의 경우 다리의 통증이 허리의 통증보다 심하다.

척주에 압력을 증가시키는 것들—앉아있기, 기침, 재채기—은 통증을 악화시킨다. 자가 검사는 골퍼가 디스크에 문제가 있는지를 알게 도와준다. 다른 이로 하여금 누워 있는 당신의 다리를 무릎을 고정시킨 상태로 통증이 생기는 지점까지 들어 올리게 한다. 그리고 발을 무릎 쪽으로 당기게 한다. 통증의 증가가 있으면 디스크 문제의 좋은 표지자가 된다.

이런 증상이 있는 사람은 의사를 찾아야 한다. 통증은 보통 휴식 중에도 나타나고, 약물에 의해서 경감되거나 멈추기도 한다. 일단 급성적인 증상이 해결되고 다리의 통증이 사라지더라도 물리치료사를 통해서 허리와 아팠던 다리에 대한 재활프로그램은 진행되어야 한다. 낮은 비율의 골퍼들만 외과적 처치를 필요로 한다. 단순한 외과 처치만으로 하루 이틀 만에 골퍼들을 일으켜 세워 걷게 하지만, 골프를 다시 시작하는 데는 몇 개월이 더 소요된다.

MD 허리뼈의 균열

허리뼈의 균열(cracked back), 즉 척추분리증(spondylolysis)은 척추의 앞과 뒤를 연결하는 중간 즈음의 좁은 부위의 골절이다. 일부 사람들은 척추의 두 부분이 융합되지 않은 채로 태어난다. 허리뼈의 간격이 좁아져 온 골퍼들은 강한 스윙이나 넘어지면서 허리뼈에 균열을 초래할 수 있다. 이는 젊은 골퍼들에게서 더욱 빈번하다. 나이든 골퍼들도 부러진 뼈가 밀려가기 때문에, 결국 해를 거듭할수록 허리 통증이 증가하는 것을 면하지 않을 수 없다.

골퍼들은 통증과 긴장을 허리뼈 바로 위에서 느끼게 된다. 허리를 둥글게 뒤로 젖히면 더 심해진다. 원인이 척추분리증인 경우 두 발로 서서 허리를 젖히는 것은 좋은 표지자가 된다. 백 익스텐션(Back Extension, 31페이지 참조)은 통증을 더욱 심하게 한다.

당신은 통증이 잠잠해질 때까지 운동을 중단할 필요가 있다. 자가 테스트에서 이런 상태가 나타난다면 의사를 찾아야 한다. 특정 각도의 엑스선(x-ray)과 가능하다면 뼈스캔[38]이 진단을 하는데 필요하다. 척추분리증은 척수가 눌려질 수 있고, 마비로 이어질 수 있는 척추전방전위증(spodylolysthesis)으로 진행할 수 있으므로 조기 진단이 중요하다. 골퍼가 이런 증상이 지속된다면, 6개월마다 허리뼈가 더 밀려나가지 않았는지 확인을 하기 위해 엑스선 촬영이 필요하다.

당신이 뼈 균열의 징후가 있다면 허리를 젖히지 않는 클래식 스윙으로

---

38) 뼈스캔(bone scan): 뼈의 무기질은 칼슘과 인산염으로 이루어져 있다. 그래서 뼈에 병터가 있는 경우에는 뼈의 인산염 분포나 양이 변화하게 된다. 이것을 이용하여 인산염에다가 방사선을 내보내는 물질을 붙여 환자에게 투여하고 그 물질이 내보내는 방사선을 이용하여 영상을 만들어서 뼈의 전반적인 상태나 병터의 발견에 이용하는 방법을 뼈스캔이라고 한다. (지제근, 『알기쉬운 의학용어 풀이집』, 서울: 고려의학, 2005)

전환해야 한다. 이런 컨디션에서는 몸통 강화 운동이 알맞다. 무거운 물건을 드는 것처럼 척추에 무게가 실리는 모든 동작들은 피해야 한다. 지속적인 통증에는 허리 보호대가 도움이 되기도 한다.

관절염성 통증

허리뼈 관절의 관절염(arthritis)은 대개 노화의 결과다. 골프의 회전 동작이 일으키는 압력이 주로 원인이 되어 척주 사이의 관절을 닳게 하고 상하게 한다. 그것은 보통 척추의 한 지점에서 모호한 쑤심과 통증으로 시작된다. 결국 깊고 쑤시는 통증이 되고 허리 전체, 엉덩이, 허벅지로 확산된다.

관절염은 골퍼가 경기를 지속하면 나아질 수 없다. 일반적으로 통증이 걸으면 심해지고 앉으면 줄어드는, 디스크성 통증과는 반대다. 치료는 동작의 제한, 항염증제의 복용과 허리 보조기를 착용하는 것이다. 그러나 보조기가 통증을 경감하는 데 도움은 되지만, 허리 근육의 힘을 약하게 한다. 골퍼는 허리 근육이 약화되지 않도록 주의해야 하며, 통증이 진정될 때 허리 운동을 시작해야 한다. 워밍업을 늘리고 스윙 방법을 개선하는 것은 골프장으로 돌아가기 위해 반드시 요구되는 것들이다.

통증이 몇 주안에 사라지지 않으면 의사를 찾아야 한다.

허리 문제의 예방

강한 허리는 허리 문제 예방의 기본이다. 근육의 약화가 대부분의 허리 손상을 일으키듯이, 강화된 근력은 대부분의 부상을 예방한다.

척추와 스포츠의학 의사들은 전통적으로 허리의 굽힘근(굴근)을 강화하는 운동을 처방해 왔다. 이 근육들은 허리를 앞쪽과 아래쪽으로 끌어당긴다. 그런데 중력은 자연 상태에서 아래쪽 방향으로 몸을 끌어당긴다. 직립 자세로 몸통을 들어 올리기 위해서는 폄근(신근)을 이용해야 한다. 따라서 조기에 굽힘근 운동을 할 수 있다면, 폄근 운동에 집중해야 한다.

허리 강화 프로그램

허리 통증은 각각의 사람마다 각기 다른 방식으로 표현되고, 다양한 치료 방식이 존재한다. 나는 허리가 쓰라릴 때까지 1일 2~3회씩, 1회 20~30분간의 얼음찜질을 선호한다. 뜨거운 찜질은 허리가 일단 치료되어서 경기를 앞두고 이완시킬 필요가 있을 때만 처방한다.

침상 안정(bed rest)은 전형적인 처치로 이용되지만, 지나친 휴식은 근육을 약화시키거나 사용할 수 없게 할 수도 있다. 당신은 가능한 빨리 침대를 벗어나야 한다. 외과는 최후의 휴양지로 간주하라.

허리 문제가 있음에도 불구하고, 골퍼들은 일일 스트레칭과 근력 강화 운동(strengthening exercises) 처방을 하지 않으려는 경향이 있다. 이런 재조정 운동은 허리, 특히 배의 근육을 지지하기 위해서 의도되어 있다. 허리의 긴장된 근육과 인대를 더 늘려주고, 허리의 근육 긴장으로 인한 자세적 결함을 줄여준다. 허리와 배 주위의 강하고 탄력성 있는 근육들은 척추를 안정시키고 부상으로부터 지켜준다.

허리 스트레칭 운동

아래의 운동들은 집에서 굽힘근과 폄근을 스트레칭 시켜줄 수 있다. 갑자기 허리에 부상을 입었다면, 굽힘근 운동을 시작하라. 훨씬 편해짐을 느끼면서 당신의 허리 근육은 길어질 때, 폄근 운동을 시작할 수 있다.

굽힘근 운동

포어헤드 투 니 스트레치 Forehead-to-Knee Stretch 18페이지 참조

토 터치 위드 로테이션 Toe Touch with Rotation 19페이지 참조

허들러 스트레치(서서) Hurdler Stretch(Standing) 14페이지 참조

니 풀 Knee Pull 22페이지 참조

펠빅 틸트 Pelvic Tilt 30페이지 참조

어브도미널 크런치 Abdominal Crunch 30페이지 참조

폄근 운동

백 익스텐션 Back Extension 31페이지 참조

힙 익스텐션 Hip Extension 16페이지 참조

리버스 싯 업 Reverse Sit-Up

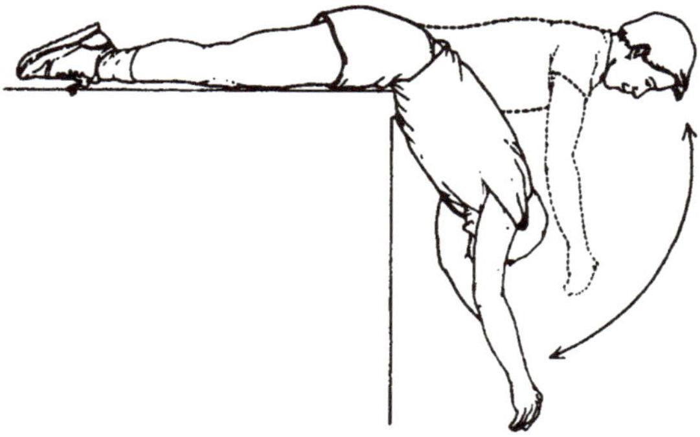

이 운동은 당신의 다리를 눌러줄 파트너와 함께 하는 것이다. 탁자에 엎드리는데, 다리와 골반만 탁자에 밀착되도록 한다. 파트너는 당신의 이마가 바닥을 향할 때까지 허리를 굽히는 동안 발목을 잡고 있게 한다. 그리고 다시 평행해질 때까지 천천히 상체를 들어올린다. 이것이 쉬워지면 한번에 5회 반복을 3번 시행한다. 이 운동은 허리에 통증이 없어져서 허리와 엉덩이의 폄근 운동이 수월할 때 시작해야 한다.

허리 강화 운동

허리를 강화시키기 위해 특히 리버스 싯 업과 같은 허리 폄근 운동을 규칙적으로 해야 하고, 또 허리 근육에 가해지는 압력을 덜기 위해서는 배 근육 운동을 해야 한다.

공을 칠 때 큰 몸통 근육을 이용하려면, 팔과 어깨의 작은 근육들을 이용할 때 보다 훨씬 더 많은 힘을 써야 조절할 수가 있다. 아래의 세 가지 몸통 운동들은 당신이 몸통의 근육들을 강화시킬 수 있도록 해준다.

벤트 웨이스트 로테이션 Bent-Waist Rotation 20페이지 참조

러너 Runner

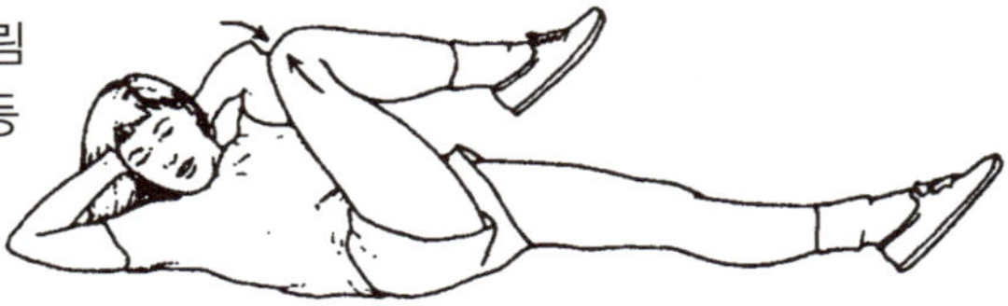

이 운동은 복부 주위의 돌림근(회선근)을 강화시킨다. 등을 대고 누워서 양손은 머리 뒤를 감싼다. 오른쪽 무릎을 가슴으로 들어 올리고 왼쪽 다리는 쭉 편다. 이때 근육에 충분히 힘이 빠질 때까지 왼쪽 팔꿈치를 오른쪽 무릎에 붙인다. 반대쪽 다리와 팔꿈치도 반복하라.

타이 티너 Thigh Thinner

이 운동은 기본적으로 다리를 곧게 들어 올리는 것이다. 옆으로 누워서 한쪽 다리를 들어올린다. 매 세트마다 10~20회 반복하고 5세트 시행한다. 반대쪽 다리도 반복하라.

허리 근육 긴장의 예방

일부 의사들은 허리 통증으로 고생하는 이들에게 허리에 심한 압박을 주는 스포츠를 피하라고 권고하지만, 허리 문제는 골퍼에게는 떨어질 수 없는 운명 같은 것이다. 당신이 조심만 한다면 통증 없이 골프 경기를 할 수 있다.

골퍼는 스윙 중 허리에 가해지는 비틀림에 대해서 주의해야 한다. 스윙 중 몸이 측면으로 기우는 것이 허리 통증에 원인이 된다. 많은 골퍼들이 공을 임팩트에서 폴로 스로가 이루어지는 동안 우측 허리에서 통증이 더 심해지는 것을 경험한다. 그래서 배 근육을 강화하는 것이 특히 중요하다. 또한 티를 꽂았을 때나 퍼팅을 할 때, 무릎은 굽히고 허리는 굽히지 않는 것을 기억해야 한다. 공 위로 몸을 구부리는 대신 스탠스나 클럽의 길이를 맞추면, 스윙 중 폴로 스로에서 몸을 바로 세우게 된다. 이것으로도 당신의 허리 통증을 줄일 수 있다.

비틀고 회전하는 모든 것들 때문에 당신의 허리는 골프에서 위험에 처할 수 있다. 시즌의 시작과 함께 서두르지 말고, 늘 워밍업과 스트레칭을 수반한 동작으로 근육의 안팎을 풀어 주라. 아직 회복되지 않았다면 당신의 운동 범위를 넘어서 무리하지 말라.

허리 박사의 건강한 골프, 안전한 골프 팁

허리는 골퍼들에게 가장 흔하게 나타나는 통증 부위로 꼽힌다. 스윙뿐 아니라 퍼팅이나 치핑도 원인이 된다. 퍼팅이나 치핑은 동작이 크지 않아 가장 스트레스를 덜 받는 동작이지만, 허리 부근을 일정 시간 이상 숙임으로써 허리 주변 근육에 정적인 스트레스를 증가시킨다. 이것은 척추의 피로감을 높이고 부상을 유발한다.

아래와 같은 증상이 느껴진다면 척추와 골반의 이상을 의심해야 한다.

- 폴로스루 시 허리에 통증이 느껴질 때
- 골프 연습이나 라운딩이 지속될수록 다리가 땅기고 아플 때
- 볼을 집으려 굽힐 때 허리나 골반에서 갑작스러운 통증이 느껴질 때
- 다리가 저리고 통증이 느껴져 한 홀을 쉬지 않으면 플레이하기 어려울 때
- 운동 중 다리에 쥐가 잘 날 때
- 아침마다 허리에 뻐근한 느낌이 있을 때
- 체중 이동이 되지 않아 악성 훅 볼이 자주 발생할 때
- (여성의 경우) 생리통이나 생리 불순이 있을 때

한의학에서는 추나 요법으로 비뚤어진 척추나 골반을 바로 잡고 약물요법으로 근육, 인대, 힘줄을 튼튼하게 하고 염증을 제거한다. 봉침과 약침요법으로 통증을 제어하고, 운동요법으로 근력 유연성을 강화한다.

안전한 골프를 위해서는 역시 예방이 가장 중요하다. 연습 전, 라운딩 전에는 반드시 허리 유연성을 기를 수 있는 스트레칭이 필수다. 정기적인 척추 검진도 부상 예방을 돕는다.

8. 팔꿈치

40대의 일본인 히데오가 팔꿈치를 가슴 앞으로 구부린 채 붙들고 방문을 했다. “팔꿈치가 왜 그렇죠?”라고 물었다. “제가 골프를 배우고 있습니다. 강하게 쳤는데, 볼은 맞지 않고 땅을 쳐버렸습니다.”라고 하였다. 나는 그에게 물리치료 프로그램을 시행토록 하였으나, 그는 부신피질호르몬제(cortisone) 주사가 필요할 정도로 팔꿈치에 심한 충격을 입었다. 그가 다시 필드에 돌아가기까지 8주간 일련의 골프 레슨을 거쳤다.

팔꿈치는 골퍼들이 받는 고통 가운데 일반적인 원인의 하나다. 실제 팔꿈치는 아래팔의 노뼈(요골, radius)와 자뼈(척골, ulnar)가 이루는 이음부(junction), 이 두 뼈가 각각 위팔뼈(상완골, humerus)와 이루는 이음부로 구성되는 3개로 나눠지는 관절이다. 이러한 세 관절은 팔꿈치가 회전뿐만 아니라 굽힘과 펴짐이 가능하도록 한다.

팔꿈치 부상은 손목의 문제가 원인이 될 수도 있다. 손목을 조정하는 근육들은 팔꿈치 뼈에서 출발한다. 그래서 심한 손목 긴장으로 발생한 문제는 손목보다 팔꿈치에서 통증을 유발하기도 한다.

힘줄 손상

팔꿈치 통증은 주로 골퍼가 디벗[39]을 만들 때 순간적으로 땅을 쳐서 생기는 것이 보통이다. 땅, 나무뿌리 혹은 고정된 물체를 치면 팔꿈치 힘줄(건, tendon)에 급성 외상을 일으킬 수 있고, 대부분의 경우 오른팔에서

39) 디벗(divot): 골프에서, 골프채로 뜯겨진 잔디. 또는 잔디나 땅이 골프채에 파인 자리.

발생한다. 이 힘줄은 부분적으로 찢어지거나 뼈에서 떨어지기도 한다.

힘줄의 손상은 클럽을 잡을 때 오른손이 오른쪽으로 너무 멀리 돌아가는 약한 그립에 의해서도 발생할 수 있다. 이것은 다운스윙에서 아래팔의 과도한 회전을 일으켜 오른쪽 팔꿈치의 안쪽에 부하를 걸어버린다.

급성이든 과도한 사용이든 팔꿈치 힘줄의 손상은 상처를 남길 수 있고, 손상에 대한 힘줄의 저항력을 저하시킨다. 테니스 엘보가 있으면서 골프와 테니스를 하는 사람은 만성적인 팔꿈치 통증을 겪기 쉽다.

힘줄손상의 치료는 아래의 팔꿈치 강화 프로그램에 따라 힘줄이 치유되도록 안정을 하는 것이다. 너무 빨리 복귀한 골퍼는 비록 공을 정확하게 치더라도 팔꿈치의 힘줄이 재손상을 입기가 쉽다.

골퍼 엘보

이른바 골퍼 엘보(golfer's elbow)가 팔꿈치 통증의 가장 일반적인 유형이다. 전통적으로 의사들은 골퍼들이 왼쪽 팔꿈치의 바깥쪽만 통증이 있을 것으로 믿어왔으나, 골퍼 엘보는 오른쪽 팔꿈치의 안쪽에 통증이 있는 차이가 있어서 이름 붙여진 것이다. 그러나 골퍼의 양쪽 팔꿈치에는 비슷한 비율의 문제가 나타난다.

오른손잡이 골퍼는 보통 왼쪽 팔꿈치에서 통증을 느낀다. 스윙 중에 왼쪽 손목으로 클럽을 잡아 당겨서 왼쪽 팔꿈치에 자극을 일으킨다. 그와 같이 오른쪽 팔이나 손목에 통증을 느끼는 오른손잡이 골퍼는 스윙 중에 어딘가가 몹시 나빠진다.

골퍼 엘보는 아래팔 근육과 팔꿈치의 뼈에 근육을 연결하는 힘줄의 염증이다. 이 근육들은 손목을 손등 쪽으로 굽히고, 손바닥을 위로 향하게 돌리는 기능을 한다. 과도한 사용으로 근육과 힘줄에 염증이 생겼을 때, 당신은 팔꿈치의 바깥쪽에서 통증을 느낄 수 있다. 손바닥을 아래로 한 상태로 물건을 들어 올리려고 할 때 통증은 심해진다. 그래서 커피잔을 집을 때나 냉장고에서 우유통을 꺼낼 때 지장을 받을 수 있다.

이러한 손상은 손을 시계 반대방향으로 돌릴 때 통증을 일으킬 수 있다.

또 골프 클럽을 잡았을 때처럼 무언가를 움켜쥐거나 쥐어짤 때도 통증을 느낄 수 있다.

골퍼 엘보의 치료는 테니스 엘보와 같다. 즉 휴식하면서 항염증제를 투여하고, 물리 치료와 손목 강화 프로그램을 시행한다. 부신피질호르몬제 주사는 이상의 처치가 실패했을 때만 사용한다. 드문 경우에 있어서 힘줄을 뼈에 재부착 시키는 외과적 처치가 필요하기도 하다. 만약 팔꿈치 통증이 심해지거나 몇 주 이상 지속된다면 경기를 중단하고 의사를 찾아야 한다.

팔꿈치의 노화

경기의 빈도 증가는 35~55세 사이의 골퍼들에게 문제를 가져올 수 있다. 일주일에 2~3회 라운딩이 한계점(threshold)이다. 더 많은 횟수를 하는 골퍼는 팔꿈치에 더 많은 변화를 가져올 수 있다. 그래서 팔꿈치에 통증을 느끼기 시작한다면 경기와 연습 시간을 줄일 필요가 있다고 느껴야 한다. 경기를 하는 대신 연습장에서 공을 치는 것도 좋지 않다. 팔꿈치는 연습장에서건 골프장에서건 부담을 받게 되어있다.

스윙의 기전

자연스러운 스윙에서 벗어나서 너무 밋밋하거나 기울어진 스윙이라면 임팩트 순간 직각으로 공을 때리기 위해서는 손 위치의 조정이 필요하다. 이러한 조정은 팔꿈치에서 근육 긴장의 증가를 유발한다. 만약 갑작스런 팔꿈치 통증이 생기거나 혹은 잘못 때려 팔꿈치가 충격을 받는 것 같은 급성적인 손상이 없었더라도 스윙 중에 기계적인 문제가 발생할 수 있다. 수시로 골프 지도자로부터 스윙을 체크받아야 하고 자세 교정을 할 필요가 있다.

컨디션 조절

컨디션 조절은 팔꿈치 통증을 예방하는데 중요하다. 상대적으로 강한 근육은 손상 없이 더 큰 부담을 제어할 수 있다. 팔꿈치 강화 운동은 힘줄이 충격을 흡수하게 하고, 골퍼가 쉽게 감염되지 않도록 한다.

일단 팔꿈치가 감염이 되면 매일 매일의 행동에 충분한 자극을 가져다준다. 주말 골프 게임을 포기하고 팔꿈치를 쉬게 하더라도 그 문제를 해결하기에 충분하지 않다. 골퍼 엘보의 치료는 아래팔 근육 및 힘줄의 힘과 유연성을 증가시키는 운동 프로그램을 필요로 한다. 일단 근육과 인대가 경기 중의 부담을 견디기에 충분히 강해지면, 통증은 사라지고 다시 돌아오지 않는다.

아래팔 강화 운동

팔꿈치 및 손목 강화 운동은 제1장에 있다.

암 컬 Arm Curl 36페이지 참조

리버스 암 컬 Reverse Arm Curl 36페이지 참조

리스트 컬 Wrist Curl 37페이지 참조

리버스 리스트 컬 Reverse Wrist Curl 37페이지 참조

롤 업 Roll-Up 38페이지 참조

언밸런스트 리스트 로테이션 Unbalanced Wrist Rotation 37페이지 참조

가벼운 무게(남자 2.5kg, 여자 1kg)로 시작해서 점진적으로 무게를 올려간다. 각 동작마다 50회 반복하거나 근육이 지칠 때까지 한다.

팔꿈치 유연성 운동

근육과 힘줄 탄력성의 증가는 또한 팔꿈치 통증을 예방하는데 도움을 줄 수 있다. 팔꿈치 강화 프로그램을 시작할 때, 팔꿈치를 더 강하게 만들기 위해 과부하가 걸릴 수 있어 통증을 더 느낄 수도 있다. 1장의 팔꿈치 늘리기〔Elbow Stretch(Palm Up & Palm down), 23페이지 참조〕는 팔꿈치를 늘려주고 통증을 덜어주는 데 도움을 주는 유연성 운동이다.

장비의 개선

만성적인 팔꿈치 통증이 있는 골퍼는 팔꿈치로 전해지는 충격을 감소시키기 위해서 클럽을 바꿀 필요가 있다. 뒷면의 헤드가 푹 파여져 있는 캐비티 백(cavity back) 아이언처럼, 신제품 우드 드라이버 가운데 오버사이즈 헤드(oversize heads)는 스위트 스폿[40] 의 크기를 키워줘서 팔꿈치에 가해지는 부담을 줄인다. 메탈 샤프트에 비해 탄성도가 다양한 그라파이트[41] 샤프트는 특히 잘못 쳤을 때 팔꿈치에 가해지는 충격을 줄여준다. 디벗(divot)을 크게 만들던지 혹은 종종 땅을 강하게 때린다면, 진동을 흡수하거나 완충하는 클럽의 구입을 고려해야 한다.

---

40) 스위트 스폿(sweet spot): 골프채 · 테니스 라켓 · 야구의 배트 따위에서, 공이 가장 효과적으로 쳐지는 부분.

41) 그라파이트(graphite): 탄소 섬유인 카본을 한 번 더 고온에서 태운 것. 카본 그라파이트 소재의 크라운과 티타늄 보디로 만들어진 드라이버.

허리 박사의 건강한 골프, 안전한 골프 팁

외측 팔꿈치에 발생하는 힘줄 손상을 테니스 엘보, 안쪽에 발생하는 손상을 골퍼 엘보로 구분하는데, 통계에 의하면 국내 골퍼들에게는 테니스 엘보의 발생 빈도가 훨씬 높다. 앞에서 지적하듯 그립과 다운스윙에 문제가 있을 때와 이른바 뒤땅을 쳤을 때 주로 발생한다.

테니스 엘보든 골퍼 엘보든 치료의 원칙은 안정이다. 일단 통증이 개선되면 점진적 근력 강화운동을 시행하여 증세의 재발을 예방하는 것이 바람직하다. 극력 강화시 처음에는 등척성 운동(isometric exercise)을 시행하고, 차차 하중을 증량하면서 등장성 운동(isotonic exercise)을 시행한다.

한의학에서는 목의 상태를 우선 살피고, 아울러 팔꿈치에 대해서 추나치료, 봉약침과 함께 한약을 이용해 팔꿈치 관절 주변의 염증을 제거하고, 동작침(MST)으로 관절의 가동성을 개선시켜 나간다.

9. 손목과 손

손목 부상은 골퍼들에게, 특히 아마추어들에게 매우 빈번하게 발생하고, 모든 부상의 1/3 이상이 손목과 손에서 발생한다. 스윙의 속력을 증가시키기 위해서 엉덩이와 어깨를 최대한 돌리면서, 충격이 손목과 손으로 계속 옮겨져 부상으로 고착시킨다.

엄지 힘줄염

엄지로 확산된 폄근 힘줄(건, tendon)의 감염은 엄지 기저부 아래쪽의 손목 측면으로 통증을 유발한다. 엄지 힘줄염(thumb tendinitis)의 원인은 백스윙의 정점에서 엄지에 가해지는 클럽의 압력이다. 또한 임팩트에서가 아니라 다운스윙의 정점에서부터 손목이 풀리는 "캐스팅[42]"이 원인이 되기도 한다. 이러한 움직임은 바깥쪽에서 안쪽으로 움직여 궤도를 벗어난 스윙을 하게 되어 슬라이스(slice)나 풀(pull)을 초래하고, 손목의 엄지 측면에 과도한 근육 긴장을 가져온다.

엄지는 압통을 느끼고 부어오르게 된다. 엄지 아래 손목의 측면도 그렇게 된다. 경우에 따라서 엄지가 움직일 때, 특히 골퍼가 엄지를 새끼손가락 쪽으로 움직일 때 힘줄이 삐걱거릴 수도 있다.

치료법은 휴식, 얼음찜질, 그리고 항염증제다. 엄지는 움직임의 제한을 위해 부목을 댈 필요도 있다. 심한 경우 부신피질호르몬제(cortisone)로 통증을 덜어 줄 수도 있다. 모든 방법이 소용이 없으면, 외과의사는 힘줄

42) 캐스팅(casting): 다운 스윙을 시작하면서부터 오른 팔꿈치를 펴버려 손목의 코킹까지 다 풀리게 하는 동작.

이 움직일 더 여유 있는 공간을 확보하기 위해 힘줄집(tendon sheath)을 절개할 수도 있다.

엄지 힘줄염을 예방하기 위해서는 아래팔과 손가락을 강화할 필요가 있다. 볼 스퀴징(Ball Squeezing, 38페이지 참조) 운동을 하루에 수차례, 피로점(point of fatigue)에 도달할 때까지 반복하면 악력을 키울 수 있다.

고무 밴드 운동을 통해서 손가락의 움직임을 개선할 수도 있다. 식품점에서 브로콜리나 셀러리를 묶을 때 쓰는 큰 고무 밴드는 운동에 알맞은 저항을 가지고 있다.

썸 앤 핑거 플렉스 Thumb and Finger Flex

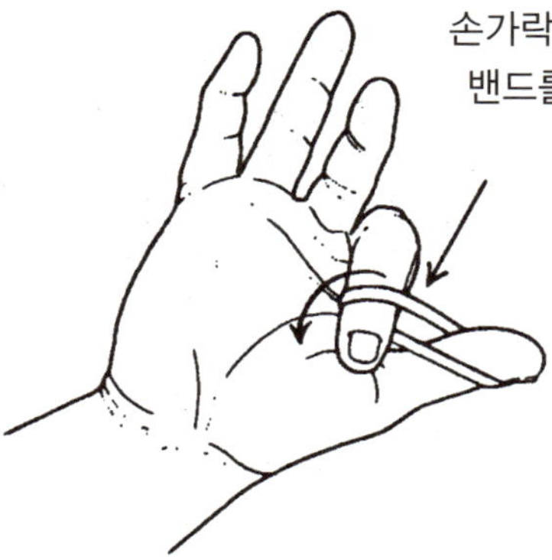

손가락을 굽히는 힘을 강하게 하기 위해서는, 고무 밴드를 엄지와 검지에 걸고 손가락이 손바닥에 닿도록 시도하라. 5초 동안 정지하라. 같은 방식으로 각각의 손가락에서 시도하라.

썸 앤 핑거 스트레치 Thumb and Finger Stretch

손바닥이 자신을 향하게 하고 고무 밴드를 엄지와 검지에 걸고 두 손가락 사이를 벌린다. 1초 동안 정지하고 지칠 때까지 반복한다. 그리고 고무밴드를 다른 손가락으로 옮기고 마찬가지로 엄지와 서로 벌린다.

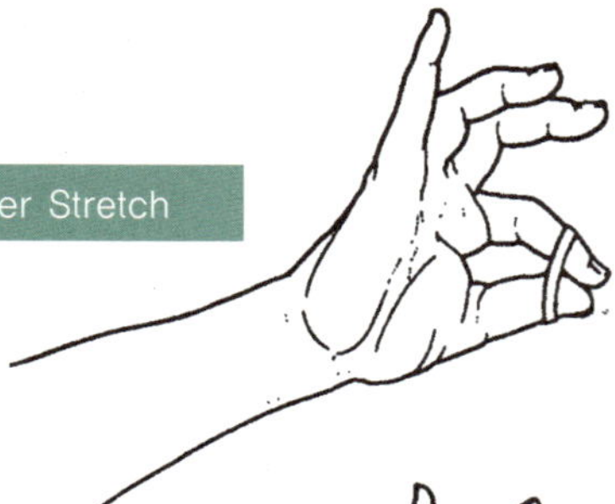

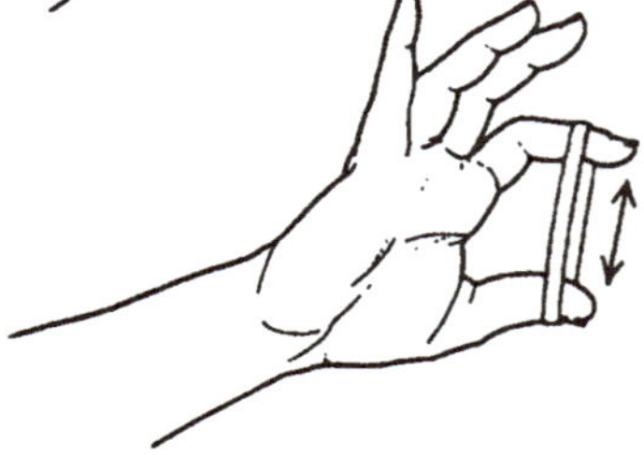

어제이슨트 핑거스 스트레치 Adjacent Fingers Stretch

고무 밴드를 인접한 두 손가락에 걸고 벌리게 한다. 5초 동안 정지한다. 각각 인접한 손가락끼리 벌리기를 시행한다.

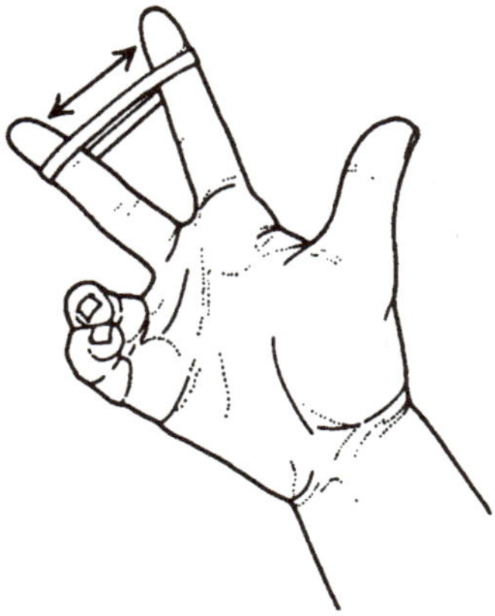

손목뼈의 부딪힘

백스윙의 정점에서 왼쪽 손목을 과도하게 꺾는다면, 왼손 엄지 기저부의 뼈가 엄지가 손목에 연결되는 부위의 뼈와 부딪히게 된다. 반복해서 손목의 안쪽이 과도하게 꺾이면, 엄지의 기저부와 손목 사이가 오목해질 때 통증을 일으킬 수 있다. 실제로는 골프 코스에 있든 밖이든, 손목을 꺾을 때는 언제나 그 부위에서 통증을 느끼게 된다.

통증이 가라앉을 때까지는 골프를 중단해야 한다. 그 동안에 통증을 줄이기 위해서 압통 부위에 얼음찜질을 하고 항염증제를 복용해야 한다. 부상을 막기 위해서는 손목을 과도하게 꺾어서 뼈들이 서로 부딪히지 않도록 해야 한다. 만약 당신이 이러한 통증을 느낀다면, 백스윙의 정점에서 왼쪽 손목의 자세를 교정하기 위한 레슨을 받는 것이 좋다.

MD 힘줄집의 파열

힘줄집의 파열(tendon sheath rupture)은 클럽이 땅이나 나무뿌리를 치거나 갑자기 멈추었을 때 발생할 수 있는 부상이다. 보통 골퍼들은 왼쪽 손목의 손등 쪽에서 갑작스러우면서 심한 통증을 느낀다. 이는 중요한 부상이고 의사의 도움을 받아 석고붕대로 손목을 고정할 필요가 있다. 클럽

헤드의 속도가 느려지고 손목의 손등 쪽에서 심한 통증을 느끼는 골퍼라면 즉시 의사의 진료를 받아야 한다.

MD 방아쇠 손가락증

방아쇠 손가락증(trigger finger)은 손가락을 방아쇠에 걸 듯 구부릴 때 손바닥의 힘줄집(건초, tendon sheath)이 두꺼워지는 것이다. 다른 손으로 곧게 당겨 펴지기도 하는데 힘줄이 딸각거리는 느낌이 든다. 이는 왼손을 과도하게 오른쪽으로 돌려서 클럽을 잡기 때문이다. 공이나 땅을 임팩트를 할 때 클럽이 힘줄집에 충격을 준다. 세 번째와 네 번째 손가락에서 가장 흔하게 발생한다.

치료는 힘줄집의 염증을 줄여주기 위해 부신피질호르몬제를 주사한다. 효과가 없으면 외과적으로 힘줄집을 열어서 손가락의 자유로운 움직임을 확보한다. 자주 그립의 위치를 바꾸거나 가능한 좀 느슨한 그립으로 바꾸면, 임팩트의 충격을 덜 수 있고 부상을 예방할 수 있다.

손목굴증후군

손목굴증후군(수근관증후군, carpal tunnel syndrome)은 손을 움켜지고 굽히는 것을 반복해서 발생하는 아주 흔한 부상이다. 이 증후군은 통증과 저림을 일으키거나 심지어 세 번째, 네 번째 손가락의 근력을 소실시키기도 한다. 아래팔과 손으로 확산될 수도 있다.

치료는 손상 받은 손목의 휴식과 얼음찜질이다. 만약 손목이 잘 움직이지 않는다면 항염증제의 도움을 필요로 할 수도 있다. 통증이 지속되면 의사를 찾아야 한다. 부신피질호르몬제의 주사는 보통 통증을 덜어준다. 외과 의사가 손목 기저부의 인대를 절개하는 것은 압박을 제거하는 최후의 수단이다. 반대로 느슨한 그립은 손이 클럽을 빡빡하게 쥐어짜지 않도록 도움을 준다.

손목굴증후군을 피하기 위해서는 아래의 스트레칭 운동을 해야 한다.

핑거팁 풀 Fingertip Pull

아래팔을 탁자 위에 올려놓은 뒤, 그 손가락의 끝을 잡고 부드럽게 뒤쪽으로 당긴다. 5초 동안 정지하라. 반대쪽 손가락에서도 반복하라.

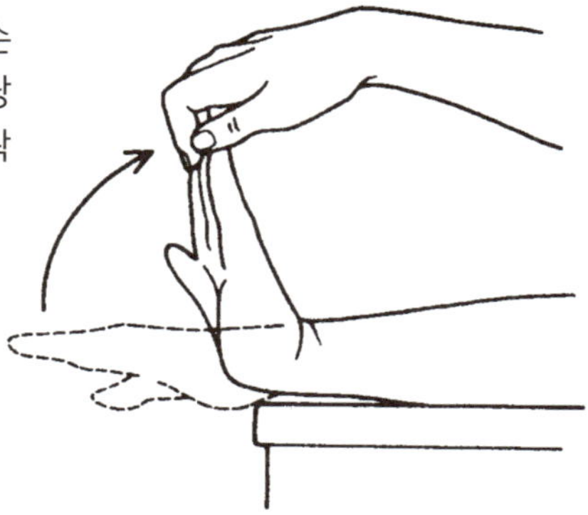

팜 프레스 Palm Press

손바닥으로 탁자를 평평하게 누르고 팔굽혀펴기를 하듯 앞쪽으로 기울여 아래팔의 근육과 손목을 스트레칭하라. 5초 동안 정지하라.

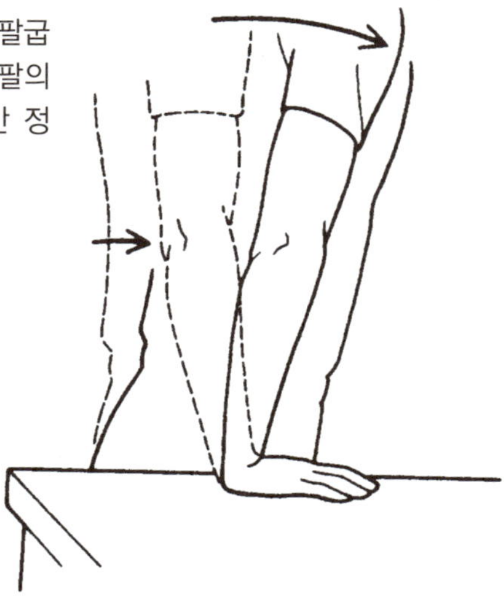

MD 손의 골절

손의 골절(broken hand)은 골프보다는 테니스에서 더 흔하다. 새끼손가락 아래의 손바닥 말단에 있는 갈고리뼈(유구골, hamate b.)는 힘줄이 부착되는 가느다란 갈고리 모양의 돌기를 가지고 있다. 팻[43] 샷을 하거나 단단한 땅 위의 공을 쳤을 때, 클럽의 버트[44]가 이 돌기를 칠 수 있으며, 갑작스럽고 강렬한 통증을 유발한다.

이런 골절로 인해서 손에 외과적 처치를 받아야 한다. 통증은 저항에 맞서 네 번째와 다섯 번째 손가락을 굽힐 때 재현될 수 있다.

골퍼는 뼈의 골절이 없더라도 돌기에 대한 반복적인 자극으로 심한 통증보다는 만성적인 통증을 느낄 수도 있다. 골퍼는 클럽을 재조정해서 샤프트의 버트가 직접적으로 손의 살집이 두툼한 부위의 돌기 위에 놓이지 않도록 해야 한다.

물집과 굳은살

많은 골퍼들이 클럽을 잡을 때 손과 손가락의 물집(blisters)과 굳은살(calluses) 때문에, 특히 골프 시즌 초기에 힘들어한다. 물집은 피부가 마찰이나 화상에 의해 손상을 입었을 때 생긴다. 땀은 피부가 들러붙게 하여, 손과 클럽 사이의 마찰이 물집을 생기게 할 수 있다.

나는 물집을 그냥 내버려두고 자연스레 낫는 쪽을 선호한다. 새로운 피부가 물집 아래에 생겨나고, 물집 안의 점액은 점차 흡수된다. 결국 피부의 바깥층이 벗겨진다. 물집이 다른 마찰에 의해 터지거나 손상을 받으면 항생제 연고를 바르고 거즈로 덮는다. 감염이 되면 의사를 찾아야 한다.

굳은살은 반복적인 압박 때문에 피부가 두꺼워진 부위다. 압박은 각질 아래 조직에 압통을 일으킨다. 각질이 성가시다면 크림이나 연고로 부드

43) 팻(fat): 볼 앞의 지면을 치는 것.

44) 버트(butt): 사전상의 의미는 굵은 쪽의 맨 앞이라는 뜻이다. 골프채의 경우 그립 쪽의 샤프트 맨 앞을 말한다.

럽게 하거나 속돌(pumice stone)로 죽은 피부를 문질러 제거할 수 있다. 이런 것이 도움이 되지 않으면, 의사가 외과적으로나 화학적으로 굳은살을 제거할 수도 있다.

이런 불편한 골칫거리를 예방하기 위해서는 무엇이 원인인지 찾아낼 필요가 있다. 당신이 클럽을 바르게 잡지 않을 수도 있고, 새로운 그립 방법이 필요할 수도 있다.

손 부상의 예방

대부분 갑자기 발생하기 때문에, 손 부상을 예방할 수 있는 방법은 많지 않다. 필요에 따라 양쪽 모두 장갑을 착용하여 물집이나 굳은살 같은 사소한 문제를 예방하는 정도이다.

거의 모든 스포츠에서 강한 손가락은 중요하다. 클럽을 가볍게 잡되 빠져나가지 않게 해야 하는 골프에서는 특히 중요하다. 아래에 손가락 운동 예제가 하나 있다.

핑거 스트레치 Finger Stretch

양손을 앞쪽에 위치시켜 놓고, 손바닥을 마주보게 한 후 손가락을 쭉 편다. 손가락을 감아쥐고 할 수 있는 최대한 꽉 쥐어 짠다. 5초 동안 정지하고 나서 푼다. 강한 손가락과 더 나은 그립을 위해 하루 5회 반복한다.

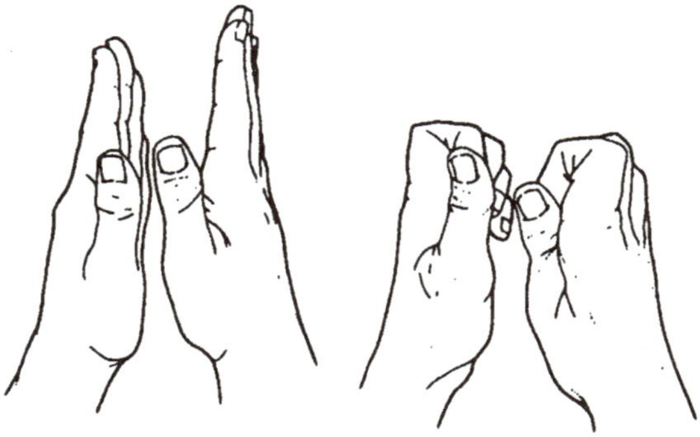

허리 박사의 건강한 골프, 안전한 골프 팁

손목과 손의 부상은 사소해 보이지만 골퍼들에게 상당히 성가신 부분이다. 과도하게 반복되는 움직임과 누적된 미세한 외상과 충격에 의해서 주로 발생한다. 예를 들어 나무뿌리나 돌을 치는 상황에서, 혹은 그립이나 콕킹, 임팩트 순간의 기술적인 문제가 대부분이다.

이와 같은 문제를 예방하기 위해서는 기술적인 부분에 대해서 지속적인 코칭을 받으면서 근력과 유연성을 강화하는 것이 중요하고, 쉽게 접근할 수 있는 부분으로는 적기에 클럽의 그립을 교체해야 하는 것이다. 평균적으로 40~50 라운드 정도면 한 번씩 교체할 필요가 있다. 아울러 클럽의 길이가 적절한지의 평가도 필요하다.

손목과 손의 부상은 어드레스, 백스윙, 임팩트, 폴로 스로의 단계에 따라 원인이 달라질 수 있기 때문에, 전문 지도자와 전문의의 조언이 반드시 필요하다.

한의학에서는 추나, 봉약침 등으로 손목의 가동성을 개선시키고, 필요에 따라 손목 관절 주변의 염증을 개선시키는 한약을 투약하여 부상의 회복을 촉진한다. 치료에 앞서 예방이 중요한 것은 아무리 강조해도 지나치지 않다.

10. 무릎

롱 아일랜드의 퍼블릭 코스에서 무릎까지 올라오는 고무장화를 신고 경기를 하는 40세의 어부 폴을 만났다. 우리가 티 오프하기 전에 폴이 "나는 양쪽 무릎 연골이 파열되어 수술을 받았습니다. 주치의는 내가 골프 슈즈를 다시 신으면 또 찢어질 수 있다고 경고하였습니다."라고 하였다. 경기가 끝났을 때, 폴은 단지 2 오버파였기에 나는 놀라서 낚시 장화를 골프전문점에서 살 수 있는지 큰 소리로 물었다. 어쨌든 게임에는 도움이 되니까….

수많은 다른 스포츠에서처럼 골프에서 무릎이 심한 스트레스를 받는 것은 아니지만, 스윙을 할 때 무릎이 앞뒤로 회전을 하면서 과도한 사용에 의해 거의 대부분이 고생하게 된다. 골퍼는 특히 가파른 지형의 코스를 걸으면서 무릎 아래의 쑤심—러너스니(runner' s knee)[45]—을 악화시킬 수 있다. 연골이 제거된 무릎은 골프의 피로로 인해 원활하게 움직이지 않는다. 수많은 장년들이 골프가 비교적 덜 격렬한 운동이라 여기고 시작하지만, 무릎이 닳고 찢어져 관절염 증상을 악화시킬 수 있다.

무릎의 염좌

골프에서 급성으로 생기는 부상은 드물고, 보통 넘어지거나 미끄러져서 발생한다. 이는 염좌(sprain)나 심한 경우 무릎 인대가 찢어질 수 있다. 무릎이 부으면 그 다리는 걷기에 불편을 느끼게 된다.

45) 러너스니(runner' s knee): 원인 불명의 무릎 통증을 포함하여 현재에서는 달리기에 의해 일어나는 부상을 총칭한다.

무릎 염좌는 무릎 인대에 발생하는 부상이다. 염좌는 인대가 슬쩍 늘어난 것에서 완전히 찢어진 것까지 정도가 다양하다. 가벼운(mild) 혹은 1단계 염좌는 인대가 단순히 늘어나고 통증과 부종을 유발한다. 중간 정도(moderate) 혹은 2단계 염좌는 인대가 부분적으로 찢어지고 더욱 부자연스러워 진다. 심한(severe) 혹은 3단계 염좌는 완전히 찢어져서 외과적인 처치를 필요로 한다. 대부분의 골퍼는 1단계 정도의 염좌를 겪게 된다.

염좌가 발생한 무릎에 대한 즉각적인 처치는 무릎이 쑤시는 동안 안정을 취하고, 간헐적으로 하루에 여러 차례 얼음찜질을 해준다. 찜질을 하지 않는 동안은 탄력붕대를 감아주고 가능한 다리를 높게 올려놓는다.

무릎 염좌의 재활

가벼운 염좌는 실내자전거와 레그 익스텐션(Leg extension), 레그 컬(Leg Curl) 운동을 이용한 조기 재활 프로그램으로 대처할 수 있다. 20분간 실내자전거 타기를 시작하라. 당신의 운동 범위를 최소화하는 높이에 안장을 유지하라. 자전거에 어떠한 저항장치도 두지 말고, 단순히 무릎의 움직임에만 집중하라. 일단 페달을 쉽게 밟을 수 있으면 최대 운동 범위를 회복할 때까지 매일 점진적으로 안장을 낮춰서 무릎의 굽힘을 증가시킨다.

레그 익스텐션(Leg extension, 32페이지 참조), 레그 컬(Leg Curl, 31페이지 참조) 운동을 시행하라. 일단 웨이트를 들어 올리면 3초 동안 멈추고 매우 천천히 웨이트를 내린다. 천천히 내려가는 움직임에 집중하는 것이 들어 올리기에 있어서 가장 중요한 부분이다. 근육이 길어지는 동안 웨이트에 저항하며 수축된 근육이 가장 강한 힘을 만든다.

이 운동들의 목적은 허벅지 앞쪽의 넙다리네갈래근(대퇴사두근, quadriceps mm.)과 허벅지 뒤쪽의 뒤넙다리근(슬와부근육, hamstring mm.)을 강화시키는 것이다. 이 근육들이 무릎을 조정하므로 재강화되어져야 한다.

경미한 무릎의 염좌를 넘어선다면 의사를 찾아야 한다. 의사는 정교한 강화 운동과 보조기 착용, 그리고 물리 치료를 처방할 것이다.

MD 연골의 파열

회전하는 것 같은 무릎의 미끄러짐 동작(활주운동)은 연골(cartilage)에 손상을 줄 수 있다. 골퍼들에게는 거의 드물지만, 시간이 지나면서 발생할 수 있다.

만약 연골이 찢어진다면 무릎에서 통증을 느끼면서 붓는 것을 볼 수 있다. 당신이 움직일 때 무릎 안쪽에서 '딸깍' 하는 소리를 들을 수도 있다. 이는 뼈가 연골의 찢어진 부분 위로 올라간 것이다. 당신이 무릎을 비틀면 무릎이 밀려나거나 구부려지고, 심지어 넘어질 수도 있다.

대부분의 연골 파열은 스스로 치유되지 않는다. 연골은 바깥 테두리를 제외하면 혈액 공급이 부족해서, 대략 연골 파열의 90%가 치유될 능력이 없다. 연골의 찢어진 조각은 제거되어야 한다. 가장 일반적인 방법은 관절경을 통해 작은 기계적인 조작에 의해 찢어져서 너덜해진 끝을 깎아 내는 것이다. 관절경 수술(arthroscopic surgery)은 전문가들에게는 간단한 외과시술이다.

연골의 외측 모서리에 파열이 있더라도 작다면 치유될 수 있다. 치유에는 무릎 염좌에 대해서 서술했던 바와 유사한 무릎 주위의 근육을 재강화시키는 재활프로그램이 필요하다. 재활프로그램을 시행하면 3~4주 이내에 활동성이 완전히 회복될 수 있다.

많은 환자들이 골프를 취미로 즐기다가 무릎 부상으로 고생을 한다. 그러나 오하이오 주립대학(Ohio State University)의 연구원들에 따르면, 골퍼들이 빨리 골프 코스로 돌아가고자 하는 욕망을 해결하려고 무릎에 대한 외과적 처치를 통해 회복하고 있다. 연구원들은 직선거리를 달리다가 갑자기 오른쪽이나 왼쪽으로 90도 급회전을 하는 것과 같은 충격이, 골프 클럽을 다운스윙을 하는 동안 무릎에 가해진다는 것을 발견했다. 그래서 외과처치 후 그린으로 빨리 돌아갈수록 무릎의 치유는 모험에 가까워진다.

우세한 쪽 무릎 부상, 예를 들어 오른손잡이 골퍼에게 오른 다리에 부상을 입은 경우는 정상으로 회복되는 데 2개월 정도 소요된다. 반대쪽 다리는 보통 회복에 3개월 정도 소요된다.

무릎 통증

많은 골퍼들이 과도한 경기 때문에 무릎 통증(sore knees)을 가지고 있다. 여기에 어떻게 통증을 예방하는지가 있다.

- 경기 횟수를 줄여라. 증상을 증가시키지 않고도 충분한 만족도를 얻을 수 있는 횟수를 찾아라.
- 짧은 아이언만 사용하라. 긴 아이언과 우드를 사용할 때 보다 짧은 아이언이 무릎의 근육 긴장이 적다. 긴 우드나 아이언이 골퍼의 스코어는 늘려주지만, 지속적으로 경기를 즐기는 데는 제한을 가할 수밖에 없다. 파3 코스[46]나 이그재큐티브 코스[47]에서는 적어도 몇 차례 더 짧은 아이언으로 교체하라.
- 골프 레슨을 받아라. 기술적인 변화는 골퍼의 무릎에 가해지는 긴장을 줄여줄 수 있다. 양 발에 체중의 분배가 균등하게 이뤄지는 스윙이 되어야 한다. 많은 골프 교습소에서는 허리에 부담을 줄이기 위해 몸을 기울이게 하지만, 이는 오른손잡이 골퍼의 왼쪽 무릎에 긴장을 증가시킨다. 결국 오른쪽 무릎의 긴장도 증가시킨다.
- 자세를 똑바로 세워라. 무릎에 통증이 있는 골퍼는 무릎을 덜 굽히고 더 똑바로 세운 자세를 이용해야 한다. 상체의 유연성을 증가시켜서 무릎의 긴장을 줄인다. 또한 발의 간격을 약간 더 벌리면 무릎에 가해지는 압력을 줄일 수 있다.
- 손에 잘 맞는 클럽을 선택하라. 그라파이트 샤프트로 된 더 길고 가벼우면서 탄력성 있는 클럽은 골프 스윙의 총체적 작용력을 감소시키고 무릎에 스트레스를 준다.
- 부드러운 스파이크의 골프화로 교체하라. 보통의 금속 스파이크 골프화는 스윙의 파워를 높이기 위해서 발을 바닥에 고정을 시키지만 무릎의 뒤틀림을 증가시킨다. 스파이크가 없는 부드러운 신형 골프화,

46) 파3 코스(Par-3 Course): 파3 홀로만 구성된 코스.
47) 이그재큐티브 코스(Executive Course): 파3 홀 위주에 소수의 파4 홀과 5 홀로 구성된 코스.

고무 골프화, 닳은 구형 골프화 혹은 50% 정도 스파이크를 다듬은 신형 골프화를 사용하라.

러너스니

거의 대부분 무릎을 과도하게 사용해서 생기는 부상이자, 무릎 통증의 가장 일반적인 원인이 되는 러너스니(runner' s knee)는 의학적으로 슬개골연골연화증(무릎뼈의 연골연화, chondromalacia patella) 혹은 슬개대퇴증후군(무릎뼈-넙다리뼈 증후군, Patellofemoral Syndrome)으로 알려져 있다. 이는 무릎 관절에서 무릎뼈(슬개골)의 정렬 오류가 원인이다. 무릎을 굽히고 펼 때, 무릎 관절에서 정상적인 무릎뼈는 아래위로 움직인다. 무릎뼈가 정상 궤도에서 벗어나면, 무릎 관절면을 벗겨내고 마찰을 일으키게 된다. 이는 관절 내 두 연골에 모두 영향을 미쳐서 무릎뼈 뒤쪽의 연골이 닳게 된다. 경우에 따라서 관절액이 생겨서 무릎에 부종을 일으킨다.

결과적으로 경기를 하고 나면 무릎뼈 뒤쪽이나 무릎 뒤쪽에 통증을 느끼게 된다. 또한 클럽 하우스 계단을 오르내리는 데 불편할 것이다. 골퍼는 평탄한 코스에서 경기를 할 수도 있고, 카트를 타고 다니면서 경기를 할 수도 있다. 그러나 카트를 타고 다니면 심장에 대한 운동의 수혜를 파괴하게 된다.

문제의 근간은 무릎이 아니고 발이다. 발과 발목의 내회전은 정강뼈(경골, tibia)를 안쪽으로 돌아가게 만들고, 더불어 무릎도 안쪽으로 돌아가게 만든다. 무릎뼈가 똑바로 아래위로 움직이는 대신, 결국 비스듬히 미끄러지게 된다.

치료는 골프화 안에 족부 보조기를 넣어서 발을 받침으로써 발 디딤을 교정하는 것을 포함한다. 이것은 과도한 내회전을 방지하여 무릎의 정상 위치를 유지한다. 통증을 감소시키려면 상용 족궁 보조기를 사용하거나 스제 보조기를 착용하라.

넙다리네갈래근(대퇴사두근, quadriceps femoris m.)의 내측면을 강화시키는 특별한 운동을 할 수도 있다. 보통 다리를 최대 범위로 신전시키는 운동은 넙다리네갈래근을 강화시킨다. 그러나 넙다리네갈래근이 수축될 때 무릎뼈를 관절을 향해 뒤로 당기고, 다리를 들어 올릴 때 그 면을 긁어 버린다. 당신이 러너스니에 해당한다면, 이러한 최대 신전 동작은 증상을 악화시킨다.

당신은 이것을 알 수 있다. 넙다리네갈래근 내측은 다리를 완전히 펴는 동작에서, 마지막 30도 혹은 15~20cm에서만 역할을 한다. 이 지점에서 무릎뼈가 관절을 벗어나 올라간다. 다리를 들어 올리는 마지막 15~20cm 범위 내에서 넙다리네갈래근을 움직인다는 개념으로 30도 레그 익스텐션(30-Degree Leg Extension)이 설명되었다.

30도 레그 익스텐션 30-Degree Leg Extension

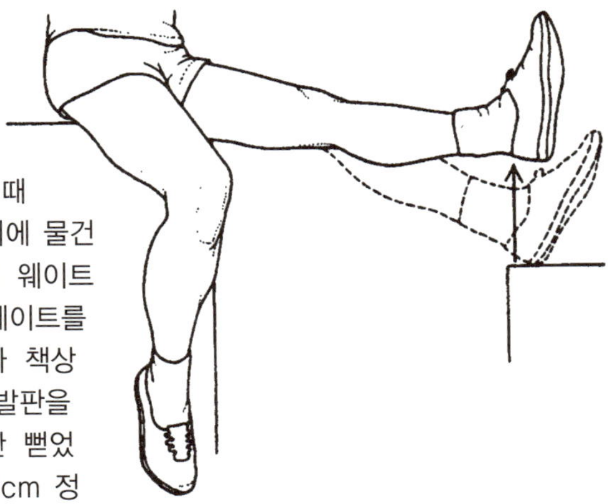

레그 익스텐션(Leg Extension) 동작에 제한을 주기 위해서, 다리를 충분히 펴고 나서 15~20cm 정도 내렸을 때 뒤꿈치가 닿을 수 있는 높이에 물건을 두라. 예를 들어 발목에 웨이트를 채우거나, 큰 가방에 웨이트를 채워 발목에 걸고 식탁이나 책상에 앉아라. 그리고 의자나 발판을 가져다 놓고 다리를 최대한 뻗었을 때, 뒤꿈치 아래 15~20cm 정도 높이가 되도록 책을 쌓는다. 다리를 내려서 뒤꿈치가 책에 닿게 되면 무릎 굽히기를 멈춰라.

레그 익스텐션 머신(leg extension machine)에서 운동한다면, 블록이나 박스를 하체지지대 아래에 두어서 다리가 완전히 신전했을 때보다 15~20cm 아래에서 멈출 수 있도록 하라.

레그 프레스 머신(leg press machine)에서 운동한다면 먼저 웨이트를 다리가 완전히 신전될 때까지 들어 올려라. 그리고 보조자로 하여금 웨이트가 15~20cm 내려갈 수 있는 정도에, 두 번째 핀을 웨이트에 핀을 꽂게 하여 더 이상 내려가지 않도록 고정한다.

마지막 세트에서 근육이 지칠 정도의 무게로 10회씩 5세트 시행하라. 쉽게 될 때 무게를 올려라. 통증이 사라질 때까지 매일 시행하고, 이후 일주일에 2~3회씩 시행하여 강한 넙다리네갈래근이 유지되도록 하라.

레그 프레스(leg press)나 스쾃트(squarts)처럼 무릎을 굽히는 운동들은 무릎을 30도 이상 굽혀서 화끈거리는 증상을 일으키기 때문에 좋지 않다. 실내자전거를 탈 때는 안장의 위치를 높게 유지하여 가능한 무릎을 굽히지 않도록 한다. 스텝 머신을 이용할 때는 스텝의 높이를 조정하여 짧은 스텝이 되도록 한다.

관절염성 통증

무릎 관절염이 있는 골퍼는 경기 전후에 부종을 줄이기 위해 약을 먹어야 한다. 필요한 경우 카트를 타든지, 다소간의 유산소운동의 효과를 얻을 수 있는 정도의 편안한 거리만 걸어야 한다.

골관절염(osteoarthritis)은 무릎이 마모되고 파열되는 퇴행성 변화다. 뼈돌기(spur)가 무릎 관절의 모서리를 따라 자라고 연골이 닳아 없어진다. 다리의 휘어짐이 무릎 관절을 이루는 정강뼈(경골, tibia) 내측의 압력을 증가시키기 때문에, O형 다리를 가진 사람들은 극심한 무릎 골관절염이 생길 수 있다. 이는 곧 내측 연골이 손상되고, 뼈와 뼈가 부딪히게 되어서 관절염으로 이어진다.

뼈돌기나 찢어진 연골 조각은 무릎에 손상을 가하면서 그 안을 떠다닌다. 이는 골프를 하는 동안 통증을 일으키고 관절을 붓게 한다. 항염증제로 통증을 가라앉힐 수 있다. 무릎 X선 촬영에서 큰 덩어리의 파편이 발견되면, 관절경 수술로 무릎을 깨끗하게 할 수 있고 몇 년간은 재발을 방지할 수 있다. 그리고 필요에 따라서 다시 시술 받아야 할 수도 있다.

통증이 매우 심각해져서 경기를 방해한다면 인공관절로 교체해야 할 수도 있다.

허리 박사의 건강한 골프, 안전한 골프 팁

무릎은 다른 부위에 비해 부상의 빈도가 낮긴 하지만, 나이가 들수록 흔해진다. 스윙이 무릎에 가해지는 스트레스가 그리 높지는 않지만, 무릎 수술을 했거나 부상이 있는 골퍼에게는 강한 스트레스로 작용할 수 있다. 골프 황제 타이거 우즈는 무릎 수술로 인해 03 시즌 오픈 경기에 불참할 정도로 중요한 관절 중에 하나다.

무릎 부상을 피하는 방법으로는 앞서 소개된 숏 아이언을 사용하는 방법이 있다. 롱 아이언은 풀 스윙에서 몸의 회전 동작이 발생할 때 숏 아이언에 비해 더 많은 긴장과 스트레스를 무릎에 가하게 된다. 따라서 숏 아이언 위주로 스윙을 하면서 숙련이 되면 롱 아이언을 시도하는 것을 권한다. 상체의 근력과 유연성을 강화함으로써 무릎에 문제가 있는 골퍼들이 부담을 분산시키는 것도 한 가지 방법이다. 또 스파이크가 없는 슈즈가 상대적으로 무릎에 스트레스를 덜 가한다는 보고가 있는데, 이는 연구가 더 필요한 부분이다.

한의학에서는 추나, 봉약침 등으로 무릎의 가동성을 개선시킨다. 상지 질환이 목과의 연관성을 배제할 수 없듯이 무릎, 발목 등도 허리와의 연관성을 배제할 수 없다. 허리와 골반의 안정성이 떨어지면, 이를 지탱하는 무릎, 발목도 안정감을 상실할 수밖에 없다. 장기간 하지 질환이 반복된다면 관절의 국소적인 문제인지, 허리에서부터 시작된 신경학적인 문제인지 전문의 도움을 받아야 한다.

11. 다리와 발목

하체는 힘을 공급하고 깔끔한 스윙이 되도록 지지를 한다. 그러나 정강이부목, 종아리의 긴장, 아킬레스건 통증, 그리고 불안정한 발목은 골퍼로 하여금 경기를 포기하게 만들 수도 있다.

정강이부목

정강이부목(shinsplints)은 코치와 일부 트레이너들이 정강뼈(경골) 내측의 통증을 지적하는 모호한 용어다. 실제 정강이부목은 매우 드물다.

사람들이 정강이부목이라고 부르는 것은 실제 통증이 정강뼈 부근의 근육에서 통증이 발생하기 때문이다. 이 증상은 다리의 과도한 사용이나, 단단한 지면에서 달리기와 점프를 하면 발생할 수 있다. 이러한 증상들은 훈련이 익숙하지 않은 사람들에게 자주 발생하고, 가벼운 신발로 교체하거나, 더 단단한 표면 혹은 속도에 더 몰입하는 활동을 하는 경험 많은 운동선수들을 시달리게 하기도 한다.

정강뼈 내측의 중간 1/3 부위에서 통증이 느껴지는 것은, 발이 지면에 닿을 때 족궁(foot arch) 해당 근육이 반응하는 것이다. 지면을 디디면서 족궁이 펴질 때, 이 근육에서 출발한 힘줄을 당긴다.

족궁이 펴지면서 발이 땅에 디딜 때 생기는 충격을 흡수한다. 다음 걸음을 위해 발가락을 들어 올릴 때, 족궁에 연결된 근육은 시동이 걸리고, 족궁을 당겨서 다가올 충격에 대비한다. 이 근육은 총괄적으로 족궁이 평평해질 때 힘줄을 잡아당기는 것으로 반응한다.

발목이 안쪽으로 잘 꺾여버리는 사람들은 족궁이 내려앉아 있다. 결과적으로 근육이 움직이려 하지만, 발에는 여전히 무게가 실려 있고, 족궁을 끌어 올릴 수가 없게 된다. 발이 각각 지면을 디디는 동안 다발적인 자극과 큰 무게를 당기기 때문에, 족궁의 근육은 정강뼈에서 출발한 섬유의 일부를 찢어버린다. 이것이 뼈 주변에 작은 국소 출혈과 통증을 일으키는 원인이다.

더 흔한 것은 내측 경골 피로 증후군(bone stress syndrome, Medial Tibial Stress Syndrome)이다. 발목이 돌아갈 때 정강뼈를 내측으로 회전시킨다. 매 발걸음마다 이러한 뼈의 지속적인 뒤틀림은 점차 쑤시고 아프게 만들어 간다.

치료의 핵심요소는 과도한 엎침(회내, pronation)과 힘줄의 당김을 방지하는 족궁 보조기(arch support)이다. 초기 통증의 경우는, 족궁 보조기를 통해서 발을 받쳐주면 거의 대부분 즉시 문제가 해결된다. 뼈에 걸린 부하는 2~3주 정도면 통증이 풀린다. 대부분의 골퍼들은 단순한 상용 족궁 보조기를 잘 쓴다. 당신이 훨씬 심각한 문제를 가지고 있다면, 스포츠 족부 전문가가 만든 수제 보조기를 필요로 할 수도 있다. 아픈 정강이에 얼음찜질을 하고 항염증제제를 쓰는 것도 통증을 덜어주는 데 도움이 될 수 있다.

MD 피로골절

정강뼈(경골)가 오랜 시간 심하게 뒤틀리면, 마치 금속 조각이 그러하듯 뼈가 약화되고 부러진 수 있다. 이를 피로골절(stress fracture)이라고 하고 정강이 부상 중에서 가장 지속적으로 제일 무능력하게 만드는 것이다. 피로골절은 6~8주의 안정을 필요로 한다.

정강이부목의 통증 지수가 갑자기 증가한다면 피로골절을 의심해야 한다. 또한 이전에는 달리기를 하는 동안에만 통증을 느꼈으나 지금은 코스를 걸어가는 동안에도 느낀다면, 피로골절이 있을 수 있다. 이럴 때는 의사에게 진찰을 받고 X선이나 뼈스캔(bone scan)을 통해서 확실한 진단을 받아야 한다. 피로골절인데 안정을 취하지 않는다면, 점점 심해지고 뼈가 더 크게 부러질 것이다.

골절을 치료하기 위해서, 앞서 이야기했던 보조기 가운데 하나를 이용해서 치료한다. 당신은 발이 착지하는 방법을 교정하지 않으면 피로골절은 또 발생할 수 있다.

종아리 근육 긴장

지속적으로 코스를 걷다 보면 하지의 종아리 근육 긴장(calf strain)을 일으킬 수 있다. 종아리의 주요한 두 근육은 장딴지근(비복근, gastrocnemius m.)과 가자미근(soleus m.)으로 뒤꿈치를 들어 올려서 앞으로 걷거나 뛰어가려 할 때 추진 역할을 한다.

간단한 치료는 며칠 간 안정을 취하는 것이고, 회복되기 시작하면 단계적으로 스트레칭 프로그램을 시행한다. 월 푸시 업(Wall Push-Up, 15페이지 참조) 운동으로 종아리를 스트레칭 하라. 일단 근육이 충분히 늘어나지면 토 레이즈(Toe Raise, 33페이지 참조) 운동으로 재강화시켜라.

아킬레스건의 통증

아킬레스건(Achilles tendon) 통증은 중년에서 노년에 이른 골퍼들에게 흔한 문제다. 아킬레스건은 몸에서 가장 긴 건(힘줄)으로 종아리 아래쪽에 붙어서 뒤꿈치를 들어 올리는 것을 돕는다. 아킬레스건에 염증이 생기면 힘줄염(tendinitis)을 일으키거나, 부분적인 열상 혹은 전체적인 파열을 일으킬 수 있다.

평탄치 않은 지형이나 오르막이 지속되는 환경적인 요인들이 건의 긴장을 증가시킨다. 신체적 요인들로는 유연성의 부족과 발의 과도한 꺾임(회내)이다.

골퍼는 환경적 요인을 조절할 수는 없지만, 휴식, 얼음찜질, 항염증제, 신발 밑창(heel lift), 그리고 경기 전후의 스트레칭으로 신체적 문제는 처리할 수 있다. 물리치료나 골프화의 보조기는 사고를 예방하기 위해 필요하다. 아킬레스건의 통증이 심해지면 의사를 찾아가서 부분적인 열상인지, 전체적인 파열인지의 감별 후 외과적 처치를 받아야 한다.

발목 염좌

발목 염좌(ankle sprain)는 그다지 흔한 골프 부상은 아니다. 평탄하지 않은 바닥에서 발이 외측으로 돌아갈 때, 발목이 늘어날 때까지 충분히 돌아가면 발목 외측의 약한 인대를 삐게 할 수 있다. 골프 코스의 큰 디벗(divot)이나 경사지에서 경도나 중증도 정도의 발목 염좌를 일으키곤 한다.

당신이 발목을 삔다면 발목의 외부가 붓고 통증이 생기고, 다친 부위 주변으로 검푸른 멍이 들 것이다. 며칠 이내에 발과 발가락도 색이 변해 가는데, 혈류가 중력에 의해 아래로 내려가기 때문이다.

최상의 치료는 Rest(안정), Ice(얼음찜질), Compression(압박) 그리고 Elevation(거상)의 각 첫 글자를 따서 만든 RICE 공식이다. 즉시 발목을 안정(Rest)시켜라. 염좌에 의한 격렬한 통증은 몇 분 내에 가라앉아서, 당신은 다시 경기를 하고 싶은 유혹을 느끼게 된다. 그러나 몇 시간이 지나면 발목이 쑤시고, 붓고, 색이 변하게 된다. 붓기가 안정될 때까지 발목 사용을 자제한다면, 보통 24시간 이내에 쉽게 걸을 수 있다.

붓기가 사라질 때까지 얼음찜질(Ice)을 하라. 얼음찜질은 혈관을 좁혀 혈류를 줄여서 붓기가 가라앉도록 돕는다. 고무 주머니에 작게 부순 얼음을 채워서 타월이나 탄력 밴드를 이용해서 그것을 발목에 함께 묶는다. 혹은 슈퍼마켓에서 냉동 포장된 콩이나 당근을 구해서 사용할 수도 있다.

20분 정도 발목에 얼음찜질을 지속하여 감각이 무뎌지기 시작하면, 얼음주머니를 치우고 발목이 따뜻해질 때까지 20분 정도 여유 있게 기다린다. 20분씩 얼음찜질과 휴식을 교대로 하기를 48시간 정도 하거나, 발목이 정상 크기로 돌아올 때까지 한다.

얼음찜질을 하지 않는 동안에는 발목에 압박(Compression)을 주고, 밤에는 탄력 밴드로 감싸두면 붓기와 멍이 줄어든다.

발목을 엉덩이 보다 높게, 가능하다면 심장보다 높게 거상(Elevation)시켜라. 밤에는 베개나 가방을 침대 매트리스의 발쪽 아래에 두어라.

뻣뻣함을 줄이고 가동성을 늘리기 위해서 골퍼는 아래의 관절범위운동(range of motion exercise)을 할 수 있어야 한다.

알파벳 레인지 오브 모션 엑서사이즈 Alphabet Range-of-Motion Exercise

의자에 앉아서 부상 입은 다리를 다른 다리의 무릎 위로 올린다. 엄지발가락을 지휘봉처럼 이용하여 알파벳 대문자를 A에서 Z까지 써본다. 엄지발가락은 고정시켜 놓고 모든 동작은 발목을 이용해서 한다. 깨어있는 동안 매 한 시간마다 이 운동을 반복한다. 글자가 처음에는 아주 작지만, 관절운동범위가 개선되는 만큼 크기도 증가하게 된다.

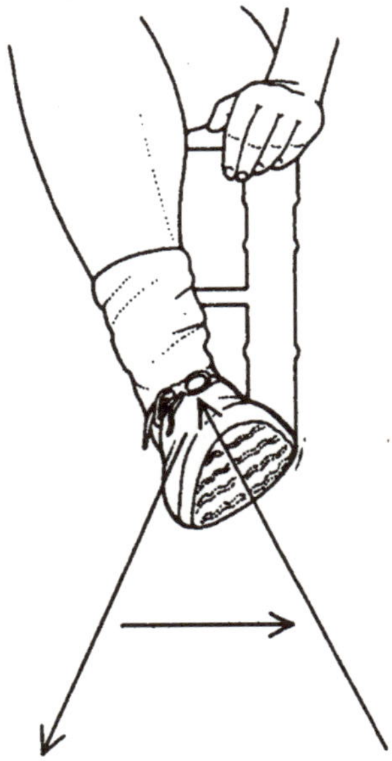

염좌가 빨리 회복되지 않으면 아래의 발목 강화 운동을 시행하라.

앵클 리프트 Ankle Lift

45cm 정도의 로프에 양쪽 끝에 각 2.5kg 정도의 무게를 묶어서 5kg을 만든다. 탁자에 앉아서 로프를 발가락의 끝에 건다(운동화를 착용한 상태에서). 할 수 있는 한 최대한 발목으로 무게를 들어올린다.

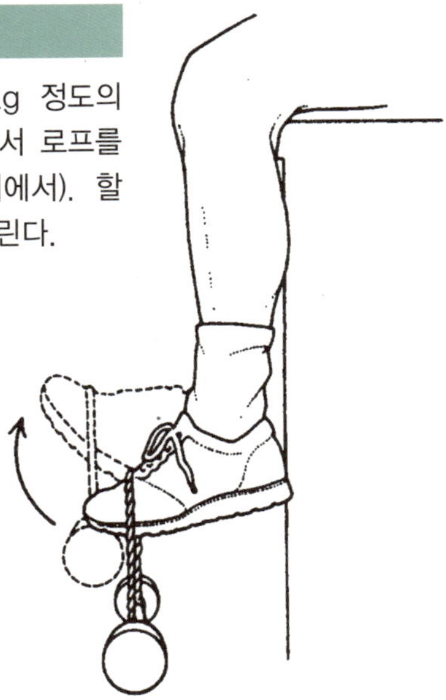

앵클 턴 Ankle Turn

탁자에 앉아서 부상 입은 발의 운동화 족궁에 긴 로프를 걸고, 무릎 높이에서 로프의 양 끝을 잡는다. 내측으로 갈 수 있을 때까지 발목을 돌린다. 내측의 로프를 당겨서 발목의 외측에 힘이 가해지도록 로프에 저항을 걸어준다. 발이 충분히 당겨졌을 때, 외측의 로프를 당겨서 발목의 내측에 힘에 가해지도록 로프에 저항을 걸어준다. 발목이 지칠 때까지 내외측으로의 움직임을 지속한다.

풋 리프트(아웃워드) Foot Lift(Outward)

탁자에 앉아서 발가락에 무게를 걸고 발끝을 치켜 올린 채, 발목을 외측으로 최대한 돌린다. 할 수 있는 만큼 반복한다. 2.5kg으로 시작해서 더 무거운 것으로 올려간다.

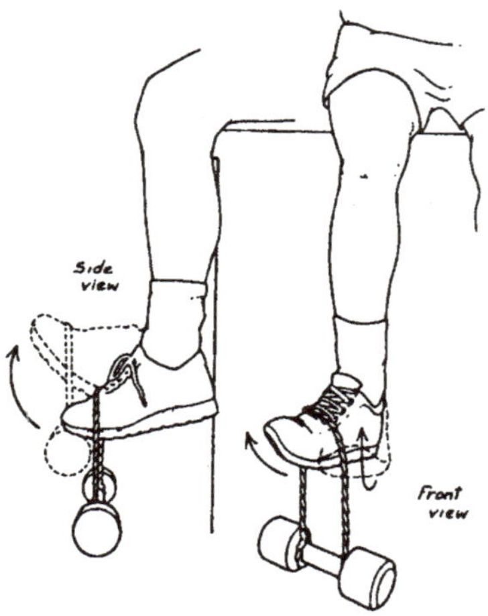

풋 리프트(인워드) Foot Lift(Inward)

탁자에 앉아서 발가락에 무게를 걸고 발끝을 치켜 올린 채, 발목을 내측으로 최대한 돌린다. 할 수 있는 만큼 반복한다. 2.5kg으로 시작해서 더 무거운 것으로 올려간다.

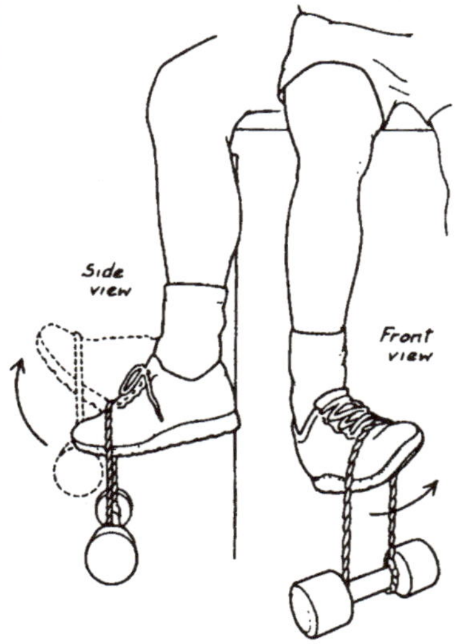

발목이 지칠 때까지 이 운동들을 대신해서, 토 레이즈(Toe Raise, 33페이지 참조)와 힐 드롭(Heel Drop, 15페이지 참조)을 하기도 하라. 발목이 강해지면 부상을 입지 않은 발은 들어서 체중을 모두 부상을 입은 발목에 실어라.

이 운동들은 각각 한 번이라도 더 할 수 없을 정도가 되도록 전체 근육이 지치는 데 집중해서 시행되어야 한다.

발이 땅에 닿을 때 어디에다 두어야 할지 느끼기 위해서는 부상당한 발목의 재훈련에 있어서 균형은 중요하다. 균형을 잃거나 지칠 때까지 팔을 바깥으로 벌리고 한발로 균형을 잡는 연습을 하라. 당신의 발목이 회복되면 눈을 감고 이 운동을 하라.

허리 박사의 건강한 골프, 안전한 골프 팁

무릎과 다리, 발목, 발 부위는 무릎과 아울러 상대적으로 부상 빈도가 낮은 부위이기는 하지만 일단 발생하면 상당히 성가시게 한다. 특히 어드레스와 스윙 자세를 불안하게 만들어 원하는 비거리와 정확도가 떨어지게 한다.

골퍼가 아니더라도 가장 흔하게 접하는 것이 삐었다고 표현하는 발목 염좌다. 앞에서 소개되었듯이 최상의 치료는 안정(Rest), 얼음찜질(Ice), 압박(Compression), 거상(Elevation)이다. 일단 부상이 발생하면 욕심을 부리지 말고 적절한 치료가 우선이다. 우습게 보이는 것이 나중에는 골관절염으로 이어질 수 있기 때문에, 호미로 막을 것을 가래로도 못 막는다는 우리 속담을 명심할 필요가 있다.

그외 자신의 발에 잘 맞는 슈즈를 선택하는 것도 중요하고, 부상 방지를 위해 근력과 유연성을 강화는 아무리 강조해도 지나치지 않다.

발목의 부상 역시 장기간 지속된다면 허리와 골반의 문제를 고려해야한다. 허리 디스크로 인해 신경학적인 문제가 다리로 확산되었거나, 허리와 골반의 뒤틀림이 몸의 균형을 깸으로써 발에 지속적인 스트레스가 가해져서 발생하는 경우 발의 국소적인 치료로는 개선이 어려울 수 있다. 추나 치료를 통해 바른 자세를 찾을 수 있도록 허리와 골반의 문제를 개선시키면서, 근육과 인대, 힘줄의 문제는 봉약침과 해당 한약을 통해서 함께 해결해야 한다.

12. 발

두 발은 내외측에서 균형 잡힌 스윙을 지원하기 때문에, 골프에서는 능숙한 풋워크(foot work)가 중요하다. 깊게 패인 족궁으로 틀어진 발에서 물집까지 다양한 문제가 골퍼들을 성가시게 한다.

조깅화, 농구화, 그리고 하이킹화는 디자인에 있어서 엄청나게 발전해 온 반면에, 골프화는 기본적으로 비슷하게 남아 있다. 유일하게 개량된 것은 부드러운 고무 스파이크가 달린 가벼워진 신발의 도입이다. 골프 스윙에서 발에 작용하는 힘에 대한 연구가 없어오다가, 신발의 개량이 실행에 옮겨졌다. 이는 발의 문제를 감소시킬 뿐만 아니라, 골퍼의 스윙 역학도 개선시켰다.

발의 이상

발의 구조적 이상은 다리에서 허리 전체로 스트레스를 일으킬 수 있다. 발이 내측(회내, 엎침) 혹은 외측(회외, 뒤침)으로 굽혀지거나, 둘째발가락이 엄지발가락보다 긴 경우가 있을 수 있다. 이런 문제들은 상용 족궁 보조기로 교정될 수 있고, 혹은 발의 통증이 계속 남아있다면 골프화 내부에 맞춰진 보조기를 착용한다.

내반족

내반족(pronating foot)은 인대가 늘어난 것으로, 적절한 지지가 이루어지지 않아서 내측으로 꺾이는 것이다. 발이 꺾일 때 족궁이 압박을 받으므로 발이 평평해진다. 발에 실린 무게가 덜어지면 족궁은 회복된다. 진성

평발(평편족, flat feet)을 가진 사람은 족궁이 전혀 없다.

발의 내측으로 꺾임은 전체 다리를 내측으로 회전시킨다. 양쪽 무릎뼈는 서로를 향하게 된다. 골퍼의 다리와 엉덩이에서 모든 것이 정렬을 벗어난다. 내반족은 여러 가지 이상을 유발한다. 이러한 것들은 뒤꿈치 통증과 아킬레스 힘줄염(Achilles tendinitis)으로부터 정강이 부목(shinsplints), 내측 경골 피로 증후군(bone stress syndrome, Medial Tibial Stress Syndrome), 그리고 정강뼈의 내측에서 무릎뼈를 못 움직일 정도의 통증을 일으키는 피로골절(stress fracture)까지 다양해진다.

내반족은 발 내측 아래에 족궁 보조기를 끼워서 교정될 수 있다. 이는 착지할 때 발의 정렬을 유지시켜서 발이 내측으로 꺾이는 것을 방지한다.

외반족

외반족(supinating foot)은 내반족을 거울에 비추는 상과 같다. 인대는 팽팽하고 높아진 족궁으로 발이 경직되어 있어서, 골퍼는 발의 훨씬 더 바깥 부위로 걷게 된다. 족궁이 너무 팽팽해서 발이 땅을 디딜 때 발을 접을 수가 없다. 발을 디딜 때마다 발생하는 충격을 흡수할 족궁이 없어서, 충격은 다리의 외측을 따라 쭉 올라간다.

충격의 전달은 다리 외측면에 통증을 일으킨다. 이것은 내측 경골 피로 증후군이나 종아리뼈(비골, fibula)에 피로골절, 정강뼈(경골, tibia) 외측에 뼈 조각이 떨어지거나, 무릎의 외측면에 통증을 일으키고, 심지어 엉덩이의 외측으로 통증이 확산될 수도 있다.

외반족은 발의 외측 아래에 부드러운 충전물(padding)을 두어야 한다. 당신이 이러한 문제를 가지고 있다면 골프화 족궁의 외측 모서리를 따라 1/4인치 족궁 보조기(Dr. Scholl's Flexo Foam Arch)를 붙일 것을 권한다. 이것은 발을 가운데를 향해 약간 돌아가도록 해서, 다리에 가해지는 충격을 충전물이 줄여주게 된다. 혹은 발 외측에 실리는 무게를 다소간 덜어주기 위해 족궁 보조기를 필요로 할 수도 있다.

몰톤풋

몰톤풋(Morton' s foot)은 둘째 발가락이 엄지발가락보다 더 긴 것이 특징이다. 문제는 엄지발가락 뒤의 뼈(첫째 발허리뼈, 중족골, metatarsal b.)가 너무 짧은 것이다. 이런 유전적인 특징이 전체 인구의 25%에서 나타나고, 위의 두 가지 비정상적인 발(발의 내반과 외반)의 비율을 합친 것보다 더 많은 사람들에게서 발생한다.

걸을 때 엄지발가락으로 땅을 밀면서 전방 추진력이 생기는데, 이를 발끝밀기(toeing off)라고 한다. 발끝밀기 바로 직전에 당신의 전체 체중을 첫째 발허리뼈에 옮긴다. 몰톤풋이 있는 골퍼들은 첫째 발허리뼈가 너무 짧아서 엄지발가락의 아래쪽으로 체중을 옮기기에 필요한 지렛대의 역할을 할 수가 없다. 발이 내측으로 구부러지는 대신, 체중은 엄지발가락의 내측면을 따라 움직인다. 이는 발의 내회전이 발생할 때와 비슷하지만, 몰톤풋은 체중이 발가락에 옮겨질 때까지 발이 내회전이 되지 않는다.

몰톤풋이 있는 골퍼들은 발의 외측 먼 부위부터 먼저 바닥에 닿는다. 이는 아마도 발이 내측으로 구부러지는 것을 교정하려는 무의식적인 시도지만, 발끝밀기를 할 때 내회전 하는 것을 방지하는데 도움이 되지는 않는다. 골퍼들은 뒤꿈치에서 발가락으로 이어지는 정상적인 보행으로 걷는 대신에, 뒤꿈치의 외측면이 닿고 나서 엄지발가락의 내측면으로 밀어 올려 발이 들어 올리게 걷는다.

걸을 때 몰톤풋이 있는 엄지발가락의 내측면은 보통 큰 굳은살이 있다. 엄지발가락은 둘째발가락 쪽으로 밀리기도 하고, 엄지발가락의 내측면에 가해지는 압력은 발의 내측면에 엄지건막류[48]를 유발하기도 한다.

몰톤풋은 발의 외측면에서 시작하여 발끝밀기를 할 때 내반 시키기 때문에 발의 내반과 외반의 가장 나쁜 특징들을 조합하여, 내반과 외반이 유발할 수 있는 모든 상황들을 유발할 수 있다.

당신이 몰톤풋이 있다면 엄지발가락 아래에 폼패드(foam pad)와 함께 상용 족궁 보조기를 부착해야 한다. 다양한 상용 족궁 보조기는 약국이나

48) 엄지건막류(bunions): 엄지 발가락의 근위지절 관절의 내측면이나 배면에 국소적으로 발생하는 부종으로 감염된 점액낭에 의해 기인한다.

스포츠용품점에서 15~40달러면 구입할 수 있다.

아마도 당신은 족궁을 보조하고 엄지발가락 관절 아래를 싸는 교정장치(orthotic device)를 필요로 하게 된다. 교정장치는 보다 자연스럽게 걷도록 하게끔 체중을 옮기게 디자인되어서, 디벗과 융기된 지면에도 적절히 움직이게 한다. 이것은 다양한 소재로 만들어지는데, 복층 구조의 폼에서부터 가죽으로 표면 처리된 코르크, 경질 플라스틱까지 몇 백 달러가 소요되기도 한다. 발을 굽혀서 출발할 때, 교정장치로 싸인 영역은 발을 펼 수 있게 밀어주는 역할을 한다.

발바닥 근막염

보행 중에 족궁이나 뒤꿈치 아래의 통증을 발바닥 근막염(족저 근막염, plantar fasciitis)이라고 한다. 발바닥 근막은 발을 세로로 가로지르는 탄력성 있는 덮개로, 발가락뼈 아래에서 시작해 뒤꿈치까지 이어져서 족궁을 유지한다. 이 충격 흡수층을 과도하게 늘리면 족궁의 세로축을 따라 통증과 감염을 유발한다.

이 손상은 보통 경직되고 높은 족궁을 가진 골퍼들에게 발생한다. 다음 걸음을 위해 발을 밀거나 체중을 옮길 때 통증을 느낄 수 있다. 족궁이 내려오기 시작하면, 발바닥 근막을 늘리고 그 섬유를 당기게 된다. 찢어진 섬유는 연축(spasm)과 수축(shrink)이 일어날 수 있다. 한 걸음씩 나아갈 때마다, 발바닥 근막이 조금씩 찢어지면서 통증을 일으킨다.

아침에 일어났을 때나 장시간 앉아 있은 후 초기 몇 분간 발생하는 둔통(dull pain)이 특히 나쁘다. 발에서 체중이 덜어지면 발바닥 근막은 치유되기 시작한다. 그러나 매번 다시 발에 체중이 실리면, 찢어진 섬유는 족궁이 펴질 때 양쪽으로 당겨진다.

치료는 즉시 족궁이 펴져서 발바닥 근막이 늘어나는 것을 막는 상용 족궁 보조기를 이용하여 족궁을 지지하는 것으로 구성된다. 족궁 보조기를 슬리퍼에 넣고 침대를 벗어나는 순간 착용하라. 보조기가 없이는 몇 걸음 마저도 발바닥 근막을 늘릴 수 있다. 족궁 보조기를 이용하여 2~3일 이내에 편안해짐을 느끼게 될 것이다.

골퍼들의 3/4는 저가의 상용 족궁 보조기만으로도 충분하지만, 높고 경직된 족궁을 가진 사람은 지지력이 더 강한 보조기를 필요로 할 수도 있다.

발바닥 근막염은 특히 오래 앉아 있는 중년의 사람들과 운동량을 갑자기 증가시킨 사람들에게 흔하다. 발에 맞지 않는 신발을 착용하거나, 체중이 5~10kg 증가해도 이런 상태에 기여를 할 수 있다.

몰톤신경종

셋째와 넷째 발가락 사이에 통증, 저림, 그리고 민감도가 있는 것이 몰톤신경종(Morton's neuroma)으로 알려져 있다. 둘째와 셋째 발가락 사이에서 느낄 수도 있다. 발의 앞부분을 쥐어짜듯 하면 통증을 재현할 수 있어서, 발가락뼈의 신경에 대한 압박이 원인이다.

폭이 넓은 골프화는 압박을 느슨하게 하여 증상을 경감시키기도 한다. 만약 효과가 없다면 압박을 경감시키는 보조기를 사용하라. 그래도 효과가 없다면 부신피질호르몬제 주사를 맞거나 외과적 처치를 필요로 할 수도 있다.

펌프 범프

펌프 범프(pump bump)는 뒤꿈치의 뒤쪽에 구릉처럼 자라난 비정상적인 조직이 골프화의 힐 카운터[49]가 뒤꿈치뼈에 일으키는 마찰과 압력에 의해 생길 수 있다. 스윙을 할 때 체중이 옮겨지기 때문에 뒤꿈치뼈에 걸리는 압박이 증가한다. 이는 통증이 심할 뿐만이 아니라, 아킬레스힘줄에 염증을 일으키거나, 그 부위에 윤활낭염(bursitis)을 일으킬 수 있다.

치료방법은 골프화 내부에서 뒤꿈치를 감싸고 받쳐주는 힐컵(heel cup), 패딩(padding), 충격 흡수와 지지를 하는 힐 카운터(heel counter),

49) 힐 카운터(heel counter): 신발 뒷부분을 단단하게 받쳐 주는 신발부품(중간 바닥재 바로 윗부분)을 말한다.

간헐적인 뒤꿈치뼈의 얼음찜질, 그리고 윤활낭염성 통증에 대한 항염증제제가 포함된다. 월 푸시 업(Wall Push-Up, 15페이지 참조)과 힐 드롭(Heel Drop, 15페이지 참조)에 의한 스트레칭이 아킬레스 힘줄염(Achilles tendinitis)을 경감시키는 데 도움이 된다.

물집

물집(수포, blisters)은 잘 맞지 않은 골프화 때문에 형성된다. 새 골프화는 집에서 충분히 길들여져야 한다(가급적이면 바닥깔개 위에서).

물집을 치료하기 위해서는 살균된 예리한 도구를 이용하여 물집의 정점을 개봉하되, 덮개를 그대로 유지하도록 해야 한다. 항균 거즈로 덮어 두라. 물집이 잘 생기는 골퍼는 마찰을 줄이는 깔창을 사용하거나, 면이나 폴리프로필렌 양말을 덧신거나, 바셀린으로 발을 문지르거나, 발에 압박을 받는 지점에 테이프나 반창고를 덧붙일 수도 있다.

무좀

골프 코스는 특히 이른 아침 이슬 때문에 종종 젖어 있어서, 골퍼의 신발과 발이 푹 젖을 수 있다. 진균류 때문에 발가락 사이가 가렵고 갈라지는 것을 무좀(athlete's foot)이라고 한다. 무좀은 약국에서 구입할 수 있는 항진균 크림이나 분무제로 치료될 수 있다. 만약 무좀이 지속된다면 의사를 만나서 강한 항진균제 처방을 받아야 한다.

당신이 무좀의 전력이 있다면 골프화의 윗부분은 통기성 소재로 만들도록 당부하거나, "드라이 조이스(DryJoys®)" 같은 방수 처리된 신발을 신어야 한다.

골프화의 선택

골프화는 장비 가운데 핵심적인 부분이다. 골프 장비의 다른 영역에서와 마찬가지로 골프화는 고도의 기술이 특성화되어 디자인된다. 윙 팁(wing tip) 장식의 클래식 스타일에서 스파이크가 달리고 발가락이 노출된 고무 재질의 샌들 스타일까지, 매년 십 여 켤레의 새 골프화가 시중에 나온다.

발을 헛디디는 것에서부터 다리에서 허리까지 일으키는 통증까지, 적당한 골프화를 착용함으로써 모든 부상의 위험을 줄일 수 있다.

더욱 가볍고 새로워진 골프화는 유연하고 윤곽에 맞춘 덮개와 탄력적인 맞춤, 발밑에 충분한 패딩으로 스파이크가 달린 러닝화 같은 기분이 들게 한다. 고형물로 받쳐주는 중창(midsole), 묵직한 덮개, 그리고 측면 보강이 되는 구조적으로 견고한 골프화를 찾아라. 방수와 통기성 안감으로 처리되어 골프화를 더 무겁고 뻣뻣하면서 훨씬 비싸게 만들지만, 당신의 발을 마른 상태로 유지시키고 땀을 밖으로 배출시킨다.

스파이크 없는 골프화가 더 이상 고무 스파이크로 금속 스파이크를 대체하는 것을 의미하지 않는다. 새로운 디자인은 폴리우레탄 스파이크나 짧아진 고무나 세라믹 소재로 된 접지면을 사용한다. 이런 스파이크가 없는 디자인은 그린에서 닳거나 찢어지는 것을 최소화하여, 대부분의 골퍼에게 완벽하게 훌륭한 매력을 제공한다. 레이먼드 플로이드[50]와 잭 니클라우스[51]를 포함하여 소프트 스파이크를 경험했던 일부 프로 선수들은, 종아리나 다리에 쓰라림이 없어서 발과 다리가 훨씬 편안하다고 이야기하고 소프트 스파이크로 바꿨다.

스펭코사의 골프화 깔창(Spenco® Golf Insoles)이 발의 충격을 흡수하는 데 도움을 줄 수도 있고, 스윙의 균형을 개선시키기도 한다. 다양한 사이즈가 있어서 신발에 맞게 자를 수 있는 부드러운 고무 깔창은 스파이크의 압력을 줄여준다. 기계 세탁이 가능하고 1년간 품질 보증을 받는다.

---

50) 레이먼드 플로이드(Raymond Floyd): 1942년 미국 노스 캐롤라이나 생. 1961년 데뷔 이후, 메이저 대회 4회 우승 등 총 66회 우승.

51) 잭 니클라우스(Jack Nicklaus): 1940년 미국 오하이오 생. 1961년 데뷔 이후, 메이저 4개 대회 18회 우승 등 총 113회 우승.

허리 박사의 건강한 골프, 안전한 골프 팁

골프 부상으로 치료가 필요한 경우

- 과도한 연습이나 라운딩으로 인해 갑작스럽게 부상을 당했을 때
- 평소 관절질환, 척추질환을 가진 프로, 아마추어 골퍼의 경우
- 골프 부상에 있어 적극적인 예방과 치료가 필요한 프로, 아마추어 골퍼의 경우
- 근육의 피로와 유연성 부족으로 비거리가 현저히 떨어지는 시니어 골퍼의 경우
- 성장기 체력 관리와 부상 치료를 원하는 주니어 골퍼의 경우
- 골반과 척추의 불균형으로 인해 골프 스윙시 통증이 느껴질 때
- 통증은 없으나 어깨 턴과 몸통 스윙이 잘 안 될 때

제4부

모든 이를 위한 골프

- 노인과 골프
- 여성과 골프
- 장애인 골퍼

13. 노인과 골프

골프는 대부분의 운동들과는 다르다. 나이가 들어가면서, 더 많은 사람들이 즐긴다. 전체 경기를 즐기는 사람가운데 55세 이상이 50%이고, 매년 골프 수익의 50%에 이들이 기여한다. 베이비 붐 세대들에게 선호도가 두드러지는 스포츠는 골프, 테니스, 그리고 스키다. 스키와 테니스는 나이가 들면서 추천을 않게 되다 보니, 골프가 더욱 눈에 띄게 된다.

골프 마케팅 담당자들은 일 년에 25회 정도 라운딩을 하는 경우에도 집착이 강한 골퍼로 여긴다. 그러나 내가 플로리다에 있을 때는, 은퇴한 고령의 골퍼와 함께 경기를 했는데, 그는 일 년에 250회 정도 라운딩을 했다. 이 경기량은 고령의 골퍼에게는 과도사용증후군(overuse syndrome)의 위험에 들 수 있는 정도의 횟수다. 골프 스윙을 반복하는 천성은 선재성과 연령 관련의 정형외과적 상황을 심각하게 할 수도 있다.

골프는 나이 제한이 없고 나이든 사람에게 이만큼 알맞은 스포츠도 없다. 핸디캡 시스템이 숙련자들은 불리한 상황에서 시작하도록 하여, 경기에 임하는 이들에게 경쟁을 유발한다. 힘이 떨어지면 가벼운 클럽을 사용할 수도 있고, 체력이 떨어지면 골프 카트를 사용할 수도 있다.

골프를 잘 하기 위해서는 근력과 유연성, 그리고 인내를 필요로 하는데, 노화는 이런 질적인 손실을 두드러지게 한다. 그러나 규칙적인 운동과 적당한 영양 섭취는 신체적 기술의 손실을 감속시킬 수 있다. 노화의 결과라는 것은 신체기능의 악화라기보다는 차라리 폐기의 결과다.

컨디션 조절

경기 전 워밍업과 적당한 스트레칭, 그리고 특화된 강화운동과 같이, 젊은 골퍼들과 마찬가지로 연로한 골퍼에게 적절하게 고안된 컨디션 조절 프로그램은 기본이다. 골프가 마라톤처럼 달리는 것은 아니지만, 인내는 시합에서 큰 부분을 차지한다. 충분한 인내심 없으면 경기가 끝날 무렵에는 아마도 성공적인 드라이브 샷이나 퍼팅이 크게 줄어드는 것이 어려워진다.

대부분 고령의 골퍼들은 코스를 걷는 대신 카트를 이용하는데, 종종 샷과 샷 사이나 다음 티까지 걸어주면 어느 정도 컨디션 조절을 할 수 있다. 이것은 당신의 체력을 증강시키는 데에도 도움이 된다. 에너지를 유지하기 위해서는 라운딩을 하기 전에 치는 공의 숫자를 줄여야 하고, 샷을 하기 전에 스윙 연습을 제한해야 한다.

워밍업

경기를 하기 전에 고령의 골퍼는 주변을 활기차게 걸어야 한다. 시간이 있다면 라커룸에서 10분 정도 실내자전거를 타든지, 체온을 상승시키기 위해 거수 도약 운동[52)]을 실시하라. 땀이 솟아나기 시작할 때 근육은 충분히 워밍업 된다.

스트레칭

스트레칭 프로그램은 유연성이 떨어져가는 고령의 골퍼들에게 가장 중요하다. 매일 10~20분 지속적으로 스트레칭 하면 유연성은 증가한다(1장의 스트레칭 프로그램을 참조). 어깨에 부착된 회전근개(rotator cuff) 근육의 길이와 힘을 개선하기 위해서 특별한 주의를 기울여야 한다(1장 참조). 카트를 타고 다니는 이들에 비해, 걸어 다니는 이들에게 종아리 근육

52) 거수 도약 운동(jumping jack): 차려 자세에서 뛰면서 발을 벌리고 머리 위에서 양손을 마주쳤다가 다시 원상태로 돌아오는 동작.

은 확실히 더 중요하다. 힐 드롭(Heel Drop, 15페이지 참조)은 하지 근육을 늘려주는데 도움이 된다.

강화운동

골프가 매우 강한 근력을 필요로 하는 경기는 아닐지라도, 가벼운 웨이트 프로그램은 근력의 손실을 예방할 수 있다. 연구 결과에서 보여주듯, 90대에 접어든 사람일지라도 보통의 근육강화 운동을 함으로써 근육을 만들 수 있다.

배와 몸통의 근육은 몸의 회전을 담당하기에 가능한 매일 단련되어야 한다. 즉 어브도미널 크런치(Abdominal Crunch, 30페이지 참조)와 몸통비틀기 운동, 벤트 웨이스트 로테이션(Bent-Waist Rotation, 20페이지 참조), 러너(Runner, 113페이지 참조)를 시행하라. 또한 엉덩이 강화 운동(18페이지 참조)과 허리 강화 운동(112페이지 참조)을 시행하라. 레그 컬(Leg Curl, 31페이지 참조)은 뒤넙다리근(hamstring mm.)과 엉덩이의 볼기근(gluteus mm.)을 강화시킨다. 쿼드럽트 레그 프레스(Quadruped Leg Press, 30페이지 참조)는 스윙의 전반부에 작용하는 엉덩이의 외전근[53]들을 강화시킨다. 또 타이 티너(Thigh Thinner, 113페이지 참조)는 몸통을 강화시킨다.

고령자들은 악력이 약화되는 경향이 있으므로, 아래팔과 손목의 근육을 강화시킬 때는 특별한 주의를 기울여야 한다. 리스트 컬(Wrist Curl, 37페이지 참조), 리버스 리스트 컬(Reverse Wrist Curl, 37페이지 참조), 언밸런스트 리스트 로테이션(Unbalanced Wrist Rotation, 37페이지 참조), 롤업(Roll-Up, 38페이지 참조), 볼 스퀴징(Ball Squeezing, 38페이지 참조), 암 컬(Arm Curl, 36페이지 참조), 리버스 암 컬(Reverse Arm Curl, 36페이지 참조)을 시행하라.

많은 골퍼들, 특히 고령의 골퍼들은 디스크나 관절염성 통증에 의한 목

53) 엉덩이의 외전근: 중간볼기근(중둔근, Gluteus medius m.), 작은볼기근(소둔근, Gluteus minimus m.), 넙다리근막긴장근(대퇴근막장근, Tensor fasciae latae m.).

문제를 가지고 있다. 이것은 목 강화 운동을 통해서 상당 부분 예방할 수 있다. 혼자서 저항을 이용한 기본적인 운동을 할 수도 있고 파트너와 함께 할 수도 있다.

목 강화 운동

넥 틸트 어게인스트 레지스턴스 Neck Tilt Against Resistance

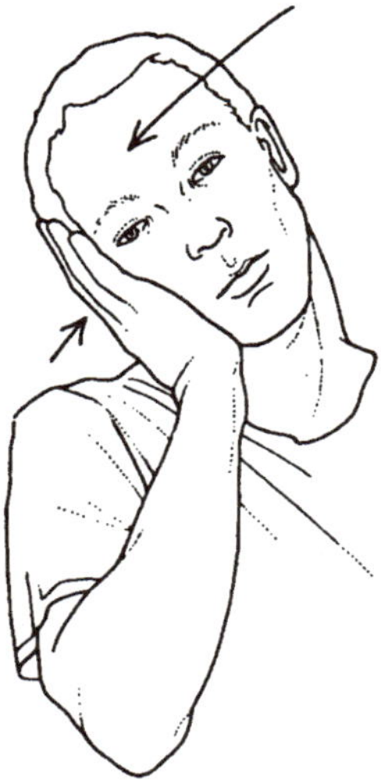

자신의 오른손으로 저항을 주면서 머리를 오른쪽으로 기울이거나, 파트너가 저항을 준다. 20초 동안 멈춰라. 왼손으로 20초 동안 저항을 주면서 머리를 왼쪽으로 기울인다. 머리를 전후 방향으로도 같은 방식으로 운동하라.

쇼울더 슈러그 위드 바벨 Shoulder Shrug with Barbell

팔꿈치가 앞으로 가도록 편 상태로 25kg 정도의 바벨을 잡는다. 어깨를 으쓱 들어올리고 5초 동안 멈춰라. 5회 5세트 반복하라. 이 운동은 목 주변의 등세모근(승모근, Trapezius m.)을 강화한다. 일단 시작할 때는 좀 가벼운 것으로 시작해서 점차 늘려가야 한다. 25kg 이상도 가능할 수 있다.

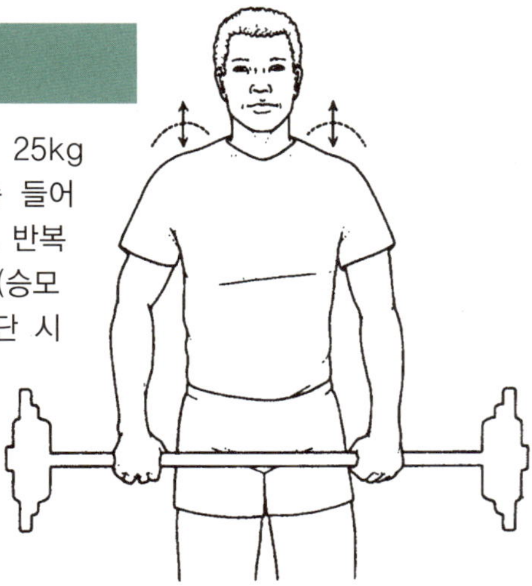

부상

고령의 골퍼는 과도한 사용에 의한 부상에 특별한 관심을 기울일 필요가 있는데, 부상으로 회복하는 능력이 나이에 반비례하기 때문이다. 연습장에서 여러 박스를 치다 보면 목이나 허리의 문제, 회전근개 힘줄염, 골퍼 엘보를 일으킬 수도 있고, 선재하던 다른 부상을 악화시킬 수도 있다.

목 통증

고령의 골퍼들에게 목 문제가 높은 비중을 차지하는 이유는 잘못 알려져 있다. 고령의 골퍼는 뻣뻣함과 "공에서 눈을 떼기"에 대한 보상 작용으로 목을 정상보다 더 돌리는데, 그것이 이유는 아니다. 오히려 스윙을 할 때 목의 자세에서 비롯된다. 머리가 뻣뻣하게 고정되어 있고 앞으로만 숙여진 상태에서는, 머리는 움직이지 않고 몸만 돌아간다. 스윙을 할 때 몸을 좀 더 세운 자세로 머리 내미는 것을 줄이면 불편함을 감소시킬 수 있다.

목 통증은 급성 통증이 있는 동안 연습과 시합의 빈도를 줄이고, 항염증제의 복용과 휴식을 취하면서 보존적으로 치료하는 것이 최상의 방법이다. 고령의 골퍼들은 항염증제의 투여량을 줄일 필요가 있는데, 나이든 사람들은 일생 동안 과량의 항염증제를 투여하여 신장 문제를 일으키는 비율이 높은 경향이 있다. 나이가 들면서 신장의 기능이 떨어져서 항염증제를 거의 배출하지 못한다. 게다가 나이든 사람들, 특히 여성들은 위장관(胃腸管) 내 출혈의 위험이 더 높다.

통증을 덜기 위한 스트레칭 프로그램

경미한 목 통증을 덜어주는 데 도움이 되는 몇 가지 운동들이 여기에 있다. 이들 가운데 최고의 목 스트레칭은 아마도 트라페지우스 스트레치(Trapezius Stretch, 24페이지 참조)다. 만약 당신이 심각한 목의 문제가 있다면, 이런 운동을 시도하기 전에 의사와 상담을 해야 한다.

목 스트레칭 운동

친 드롭(Chin Drop, 24페이지 참조)

펑키 피전 Funky Pigeon

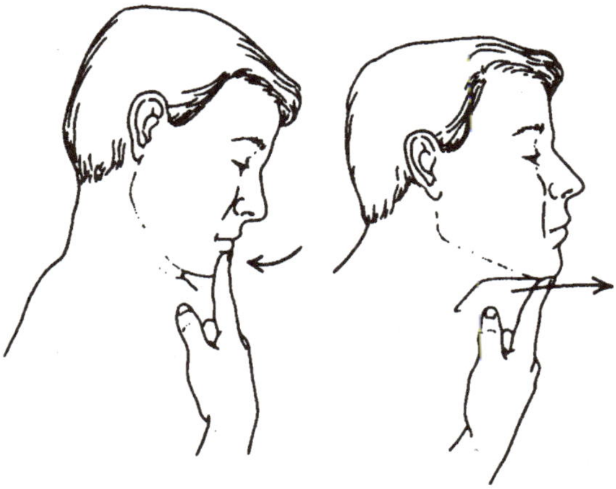

앉아서 천천히 측면을 바라보라. 먼저 한쪽 어깨를 바로 보고 나서 다른 어깨를 바라보라. 5회 정도 시행하라. 그리고 비둘기가 연상되는 움직임을 하라. 즉 턱을 앞뒤로 5회 움직여라.

쇼울더 슈러그 Shoulder Shrug

양쪽 어깨를 귀 높이까지 들어 올렸다가, 가능한 아래로 떨어뜨린다. 5회 반복하라.

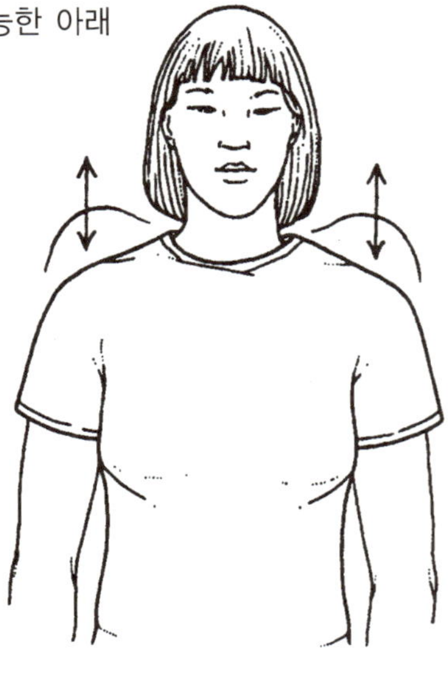

쇼울더 롤 Shoulder Roll

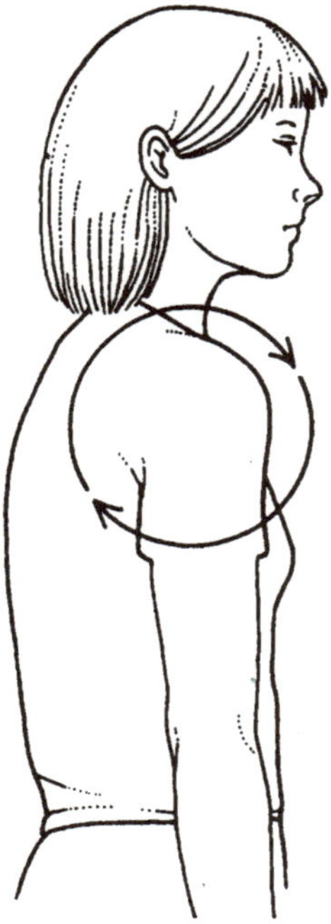

어깨를 원을 그리듯이 돌려라. 양쪽 어깨를 들어서 앞으로 5회 돌리고, 다시 뒤로 5회 돌려라.

어깨 통증

고령자들은 회전근개(rotator cuff)의 문제로 자주 어깨 통증을 느낀다. 나이든 골퍼들은 오랜 시간 사용해왔기 때문에, 뼈돌기가 자라서 어깨 관절의 혈류량과 공간이 줄어들어 있다. 회전근개 근육들은 훨씬 손상 받기 쉽고 찢어지기 쉽다. 필요하다면 항염증제 처방과 함께 회전근개의 스트레칭과 강화운동의 특별한 프로그램이 요구된다. 암 컬(Arm Curl, 36페이지 참조), 리버스 암 컬(Reverse Arm Curl, 36페이지 참조), 프론트 리프트(팜 다운)〔Front Lift(Palm Down), 33페이지 참조〕, 프론트 리프트(팜 업)〔Front Lift(Palm Up), 34페이지 참조〕, 래터럴 리프트(Lateral Lift, 34페이지 참조), 벤트 오버 래터럴 리프트(Bent-Over Lateral Lift, 35페이지 참조), 벤트 오버 체스트 리프트(Bent-Over Chest Lift, 35페이지 참조) 운동들을 실시하라. 회전근개 파열이 진행된다면, 다시 경기에 참여할 수 있도록 하기 위해서는 꼼꼼한 외과적 처치와 정확한 재활치료가 핵심이다.

나이든 오른손잡이 골퍼의 왼쪽 어깨가 불안정성의 위험에 더 노출되어 있다. 적절한 치료는 회전근개와 다른 어깨 근육을 강화시키는 것이다(위의 운동 참조).

허리 통증

허리 통증은 모든 연령대의 골퍼들이 가장 빈번하게 호소하는 것이다. 가장 효과적인 치료는 예방이다. 골퍼들은 일주일에 서너 차례 배와 몸통 근육들을 강화하는 운동을 해야 일반적으로 허리에 통증 없이 경기를 할 수 있다. 1~7장에 제시한 복부와 등 운동을 시행하라. 몸통 근육을 강하게 유지해온 시니어 PGA 투어의 선수들은 거의 허리 통증이 없다고 말한다.

팔꿈치 통증

땅에 디벗(divot)을 만들었을 때와 같은 갑작스런 충격은 예리한 팔꿈치 통증을 유발할 수 있다. 이런 통증들은 휴식, 얼음찜질, 그리고 항염증제로 치료될 수 있다.

골퍼 엘보(golfer' s elbow) 로 알려진 과도한 사용으로 인한 부상은 휴식, 스트레칭, 얼음찜질, 그리고 항염증제의 복용이 최상의 치료이지만, 콩팥에 문제가 있었던 고령자들에게는 용량이 제한된다.

휴식이 골프를 전혀 하지 말라는 것을 반드시 의미하지는 않는다. 팔꿈치 문제가 있는 고령의 골퍼들은 급성 통증이 사라질 때까지 퍼팅연습장에서 퍼팅을 연습하거나 칩 샷을 연습을 할 수는 있다.

손목 통증

모든 연령대의 골퍼들이 손목 통증을 느낄 수 있고, 왼쪽에서 빈발하며 과도한 사용이 원인이다. 다시 언급하지만, 예방이 최선의 치료 방법이다. 스윙을 할 때 적절한 스윙의 기전에 주의하면 손목이 늘어나는 것을 줄일 수 있어서 이 문제를 해결하는 데 도움이 된다.

시선 처리의 개선

나이든 골퍼들은 공을 바라보는 데 문제가 있을 수 있다. 고령의 골퍼들은 이중 초점 안경을 착용하게 되는데, 이중 초점 렌즈의 하단 부분은 단지 45cm 이내의 사물만 볼수 있다. 그래서 티나 땅에 있는 공은 90cm 이상이라 흐릿하게 보인다. 집중하기 위해 곁눈질을 하면 어깨와 목을 긴장시켜서 골퍼의 동작에 영향을 미친다.

최선의 해결책은 원거리 시력용 콘택트렌즈와 근거리 작업용 독서안경을 착용하는 것이다. 혹은 이중 초점 안경을 뒤집어서 미세 독서렌즈가 안경의 윗부분에 설치되도록 한다. 이렇게 하면 내려다 볼 때 원거리에 영향을 주지 않고, 스코어카드를 기록할 때 독서안경으로 바꿔 쓸 필요가 없다.

스탠스

개선된 스탠스[54]는 고령의 골퍼에게 도움을 줄 수 있다. 자세를 잡을 때 양쪽 발의 엄지발가락을 바깥쪽으로 틀면 어느 방향으로든 몸을 돌리기가 훨씬 쉬워진다. 플래트 스윙[55]을 하기 위해서 어드레스할 때 높게 서면 팔

---

54) 스탠스(stance): 볼을 향해서 위치를 정하고 타구의 자세를 취하는 것. 즉 발을 놓는 위치, 스퀘어, 클러즈드, 오픈의 세 기본 스탠스가 있다.

55) 플래트 스윙(Flat swing): 스윙의 면이 보다 지면에 가까운 각도로 쳐 돌려지는 것으로 수평에 가까운 스윙. 반대로는 업 라이트 스윙이 있다. 대체로 키가 작은 사람은 플래트 스윙을 잘하고 큰 사람은 업 라이트 스윙을 잘한다.

과 어깨에 가해지는 스트레스를 줄일 수 있다. 백스윙에서는 왼쪽 뒤꿈치를 들어 올리고, 다운스윙에서는 오른쪽 뒤꿈치를 들어 올리는 민첩한 발놀림은 엉덩이와 무릎, 그리고 허리에 가해지는 스트레스를 줄일 수 있다.

관절염

다년간 골프를 즐겨왔든지 혹은 나이가 들어서 경기에 관심을 가져왔든, 관절염은 당신을 피해가지 않는다. 골프는 어느 누구에게나 신체적 능력에 맞춰 조절될 수 있다. 만약 당신이 관절염이 있더라도 골프를 즐기게 되면 몸통과 엉덩이, 그리고 어깨를 움직이게 할 수 있고, 게다가 악력을 강하게 유지시켜준다.

관절염 환자는 의학적 상태를 고려하여 장비를 조정할 필요가 있다. 그립, 골프화, 공, 그리고 클럽은 필요와 능력에 맞춰 모두 조정될 수 있다. 클럽 하우스의 용품점이나 골프 전문점에서는 관절 상태에 따라 편하게 골프를 할 수 있도록 도와주는 제품을 선택할 수 있다. 미국관절염재단(The Arthritis Foundation)은 다음의 지침을 마련하였다.

- 공을 칠 때 부드러움을 더 느낄 수 있는 낮은 경도의 공—예를 들어 경도 100 대신 90—을 사용하라.
- 충격을 더 잘 흡수하기 위해서 가벼운 그라파이트 샤프트 클럽을 이용하라.
- 특히 중심을 벗어나 칠 때는 더 나은 충격 흡수를 위해서 캐비티 백[56)]클럽을 사용하라.
- 에폭시 테이프로 클럽의 그립 사이즈를 조정하여 쉽게 잡고 있도록 해서 손가락 관절에 가해지는 스트레스와 통증을 줄여주라.
- 양 손에 손목 고정기와 장갑을 착용하여 관절을 고정시켜라.

---

56) 캐비티 백(cavity back): 원문에서는 perimeter-weighted club이라고 나온다. 움푹 들어갔다는 뜻으로 클럽 헤드의 뒷중심을 움푹 들어가게 파서 무게 중심을 클럽 헤드의 전체와 가장자리로 배분함. 방향성이 좋으며 치기 쉽다.

- 편안한 운동화나 스파이크가 없는 골프화를 착용하라.

손목과 손의 관절염을 보상하기 위해, 왼쪽 엄지를 샤프트의 끝 보다는 주변에 두어서 손목의 움직임을 더 자유롭게 할 도 있다. 또한 피치 샷[57]에서 손과 손목의 움직임을 최소화시켜 앓고 있는 관절에 의해 일으키는 불편을 줄일 수 있다. 너무 느슨하거나 과도한 피치는 진동이 더 심한 충격을 유발할 수 있다.

훌륭한 컨디션 조절 프로그램은 모든 골퍼에게 필수적인데, 특히 당신의 관절들이 특별한 보호가 필요하다면 더욱 그렇다. 적절하게 컨디션이 조절되면 관절의 동작 범위를 유시시켜주고, 부상의 기회를 줄여준다.

레슨을 받을 때, 지도자에게 자신의 신체적 한계를 설명하는 것을 주저하지 마라. 지도자가 없다면 클럽 하우스의 용품점에서 신체적 제한이 있는 사람을 보조해 줄 수 있는 사람을 추천 받을 수도 있다.

일단 골프장에 들어선 이상, 경기를 훨씬 재미있으면서 관절의 안전을 위해 적용할 것들 것 있다. 미국관절염재단은 마음속에 늘 새겨두어야 할 사항을 제시하였다.

- 늘 몇 분간 걷기를 하면서 사전에 몸을 풀어라. 5~10분간 스트레칭을 하고, 첫 번째 티 샷을 하기 전에 연습장에서 10~15회 공을 치고 나서라. 편안한 스윙 연습, 몸통비틀기, 넙다리근육 늘려주기와 걷기는 훌륭한 워밍업이다.
- 땅을 쳐서 관절에 진동이 오는 것을 방지하기 위해서, 심지어 연습장에서도 공을 칠 때는 언제나 티를 이용하라.
- 스윙에 일관성을 유지하고 전반적인 편안함을 높여주기 위해서 샤프트에 그립의 긴장도를 일관되게 유지하라.
- 허리 통증이 있다면 역C자형으로 폴로 스로를 하는 모던스윙보다, 곧게 세워 폴로 스로를 하는 클래식스윙을 고려해 볼 수 있다.

---

57) 피치 샷(pitch shot): 타면의 각도가 큰 쇼트 아이언으로 볼을 높이 날려 그린이나 핀을 겨냥하는 것. 연못 넘기기, 벙커 넘기기를 할 때 이용되는 샷이다.

- 언제나 잔디를 스치도록 하면 공을 제대로 치게 되고 운동량을 표적에 실을 수 있다.
- 지쳤다고 느껴지기 시작하면 단타 위주의 경기를 진행하라.
- 코스에 들어서 있는 동안 에너지를 축적할 수 있는 기술들의 사용을 고려하라. 골프백을 들고 다시는 대신 끌고 다니고, 걸어 다니는 대신 동력 카트를 임대하라.
- 18홀 미만의 경기를 하는 것이 좋다는 것을 명심하라. 근처에 9홀 코스를 찾거나, 지역 골프장의 9홀 코스에 체크인 하라. 게다가 많은 코스들이 현재 9홀 리그를 개최한다.
- 라운딩을 하면서 자신의 몸에 귀를 기울여라. 지치기 시작한다면 칩샷이나 퍼팅 연습을 하고, 혹은 경기하는 홀의 수를 줄여라.

허리 박사의 건강한 골프, 안전한 골프 팁

골퍼는 여러 가지 이유에서 노년층에 잘 어울리지만, 부상의 빈도가 높고 회복의 속도도 느린 편이다. 노화는 전신 관절 시스템에 부정적인 영향을 미치지만, 규칙적인 운동은 노화와 관련된 퇴행의 과정을 더디게 한다는 연구 결과가 있다. 엘리트 선수들은 30세 가량에 근육의 기능과 힘이 정점에 다다른 후 점진적으로 하향곡선을 그린다. 프로 골퍼들도 그런 것을 경험하기는 마찬가지다.

노년의 아마추어 골퍼들은 기초적인 운동 프로그램을 충실히 이행함으로써 근력, 유연성 및 골프 실력을 개선할 수 있다. 따라서 적절한 워밍업과 스윙 기술뿐만 아니라 근력과 유연성, 스테미나를 개선시키는 체계적 관리만한다면 부상으로부터 멀어질 수 있다.

정기적인 검진과 예방이 중요하지만, 과도한 욕심을 부리는 것도 피해야 한다. 진료실에서 노년의 골퍼들을 만나면, 여느 젊은 골퍼들보다 에너지가 넘치고 의욕이 앞서는 것을 볼 수 있다. 하지만 늘 타수와 비거리에 욕심을 내지 말고 안전하게 즐겨 오랜 시간 즐기는 방법을 강구할 것을 권한다. 아울러 심혈관계를 계선시키고 관절의 윤활작용과 마모를 방지하는 한약의 지속적인 투약으로 즐겁고 안전한 골프를 위한 도움을 주어 왔다.

14. 여성과 골프

지난 몇 년간 골프계에는 예기치 못한 일들이 벌어졌다. 점점 많은 여성들이 경기장에서 공을 치거나 퍼팅장에서 연습을 하고 있다. 여성 골프 용품과 의류의 대형 전시가 골프 전문점에서 밤새 불을 밝히며 진행되고 있다. 현재 여성 프로 선수들은 언론 매체에서 남성 선수들과 함께 거의 동등하게 커버를 장식하고 있다.

이 모든 것들은 여성 골프의 지속적인 성장을 보여주는 것이다. 현재 골퍼 다섯 명 가운데 한 명은 여성인데, 새로운 골퍼 가운데 거의 40%는 여성이다. 10대 여성은 골퍼들 가운데 가장 빠르게 성장하는 그룹이다. 잘 연마되고 조직화된 기술을 이용하여 입지를 다져온 전문직 여성들은 그들만의 리그를 설립하였다.

주인 의식과 경기할 장소의 필요에 의해, 몇몇 전문직 여성들의 리그가 미주 전체에 생겨나기 시작했다. 경제적 영향력과 경기를 빠르게 배우고 익히려는 강한 욕망으로 무장한 전문직 여성 그룹들이 기하급수적으로 성장해 가고 있다. 최근 3년간 전문직 여성 골프 리그(Executive Women's Golf League)는 28명에서 시작하여 전미 75개 지부에 7000명을 넘어서고 있다. 멤버들의 평균 연령은 43세이고, 개인 수입은 62,700 달러이며, 그들의 남편들은 최소한 그 이상의 수입을 거두는 사람들이다. 특히 이 여성들은 수입을 재량대로 지출할 수 있고, 그것을 골프에 투자하려고 한다.

여성 골퍼의 수가 남자만큼 많지는 않지만, 수적인 열세에 비해 강력한 구매력을 가지고 있다. 미국골프재단(National Golf Foundation)에 따르면, 남편에 비해 레슨과 비디오, 그리고 잡지에 4배 이상 할애하는 여성 골퍼는 드물다. 그러나 남편들 보다 골프 경기와 여행을 훨씬 많이 하고, 투자도 많이 하는 여성 골퍼는 흔하다. 전체 골프 의류의 85% 이상을 여성이 구입한다.

내가 아는 한 여성 골퍼는 골프 코스에서 남자들만큼 경쟁적이지는 않다. 그들은 남자들이 그러하듯, 자신의 동료를 이기기 위해 열성을 다하도록 자아가 몰고 가지는 않는다. 여성들은 규칙을 준수하려 하지, 내기에 집착하지 않는다. 그들은 남자들에 비해 골프 경기를 더 즐기려고 한다. 그것 때문에 나는 그들을 존중한다.

경기에서 최고가 되기 위해서는, 여성 골퍼들은 힘, 특히 상체의 힘을 강화시킬 필요가 있고, 집이든 직장에서는 할 수 있는 한 스트레칭과 자세, 그리고 균형잡기 연습을 할 필요가 있다.

근력의 획득

여성의 하체 힘은 남성만큼 근접할 수 있으나, 유전적으로 타고난 남자와는 달리 상체는 아니다. 남성은 여성보다 더 큰 어깨, 가슴, 그리고 팔을 키울 수 있는 본능적인 가능성을 가지고 있다. 의학 연구에 따르면, 여성은 대략 크기가 비슷한 남성의 근육 부피에 비해 2/3 정도만 가진다. 비록 골프 스윙의 힘 대부분이 다리와 엉덩이에서 출발하지만, 하체가 강한 여성일지라도 상체 힘의 부족은 더 가벼운 클럽을 요구하고, 이는 여성이 볼에 가할 수 있는 충격량을 줄여버린다.

여성은 특별히 여성을 위해 설계된 클럽을 구입해야 한다. 수년간 여성용 장비는 남성용에 밝은 색을 칠한 하나의 버전일 뿐이었기에, 여성들에게는 너무 무거운 클럽으로 경기를 해야 했다. 여성은 보통 약한 상체의 힘을 보상하기 위해 좀 더 유연한 샤프트를 필요로 한다. 그들은 더 멀리 보내는 드라이브, 적당히 띄워주는 페어웨이 우드, 그리고 곧게 멀리 날리는 아이언을 필요로 한다. 고도로 혁신된 기술들은 특별히 여성들을 위한 장비의 제작을 가능하게 만들었다. 최신 경향은 고가의 첨단 장비이고, 생산업체들은 높은 성적을 위해 비용을 지불할 용의가 있는 진지한 여성을 위한 생산라인을 확장하고 있다.

여성은 남성과 같은 방식으로 스윙을 하려 하고, 이는 큰 근육의 사용을 의미한다. 골반이 돌아가는 것을 제한하고 상체를 더 감으면 누구나 거리를 늘릴 수 있다. 완벽한 상체, 그리고 골반과 하체가 돌아가는 것을 제한한 어깨의 회전은 에너지를 축적한다.

추가적인 힘을 더 만들어 내기 위해, 많은 여성들이 손에 힘을 주면서 공을 치려고 한다. 그들 스스로 균형을 잃게 되고, 샷이 앞쪽으로 쏠리게 하며, 오른쪽 다리에 힘이 들어간다. 긴장해서 공을 치는 모든 여성들은 클럽 버트[58]의 속도를 올릴 뿐 헤드의 속도가 올라가지는 않는다. 몸통의 아래 부분을 더 쓰는 부드러운 스윙이 공을 더 멀리 칠 수 있다. 다행스럽게도 여성 골퍼는 대부분의 남성들보다, 특히 골반이 더 유연하다. 이는 특히 클럽 헤드의 속력을 증가시키기 위한 긴 호(弧)를 그리는 부드러운 스윙을 하기에 좋은 여건을 만든다.

웨이트 트레이닝 프로그램은 골프에 관련된 근육 및 다른 근육을 단단하고 강하게 할 수 있다. 웨이트 트레이닝을 통해서 여성은 남성들처럼 부피를 키우지 않으면서 상체의 힘을 현저하게 증가시킬 수 있다. 이는 여성이 부피를 키우는데 필요한 남성 호르몬의 순환이 거의 없기 때문이다. 당신이 보아온 거대한 상체를 소유한 여성 보디빌더들은 스테로이드의 사용 때문이다. 여성 골퍼들은 정상적인 수준의 여성 호르몬 순환을 유지하고 인위적인 남성 호르몬을 사용하지 않는 이상, 웨이트 트레이닝을 통해서 힘을 키울 수는 있지만 부피를 키우지는 않는다.

뼈의 강화

나이가 들어감에 따라 여성에게 뼈의 강화는 중요하다. 젊은 여성 선수들에게 월경 장애는 골질의 손실과 피로골절의 위험을 증가시킬 수 있다. 젊은 선수에게 월경 기간에 월경이 일어나지 않는 무월경(amenorrhea)은 종종 골밀도 감소를 초래한다. 나이가 들면서 여성은 뼈 조직의 손실이 일어나고, 골다공증과 같은 뼈 소모성 질환으로 이행되기 쉽다.

58) 버트(butt): 사전상의 의미는 굵은 쪽의 맨 앞이라는 뜻이다. 골프채의 경우 그립 쪽의 샤프트 맨 앞을 말한다.

골다공증은 뼈의 부피가 줄어들어서 뼈가 가늘어지는 것이다. 골다공증이 있는 여성과 남성은 골격의 뼈들에 구멍이 나고, 약해지며, 깨지기 쉬워진다. 유년기와 청소년기에는 파괴되는 뼈보다 많은 뼈들이 만들어진다. 그러나 35세 전후로 뼈의 순손실로 접어들고, 65세 전후에 가속화된다. 미국 여성의 25%가 골다공증을 겪고 있고, 심한 경우 장애나 상해를 입게 된다. 매년 130만의 여성들이 골다공증으로 골절을 당하는 것으로 추정되고 있다.

여성에게서 골다공증이 수적 우위를 점하는 것은 체내에서 에스트로겐(estrogen)의 급격한 감소와 관련된 것으로 알려져 있다. 에스트로겐은 장에서 칼슘(calcium)을 흡수되도록 하고, 칼슘은 골격을 형성하는데 필수적인 성분이기 때문에, 적절한 뼈의 성장을 위해서 필수적이다.

골다공증은 골퍼의 척추에 가해지는 스트레스가 원인이 될 수도 있다. 나이든 여성은 모던 스윙(reverse-C follow through)은 피해야 하고, 대신 클래식 스윙을 해야 한다. 훌륭한 웨이트 트레이닝 프로그램은 골다공증의 발달과 정도를 늦추는데 도움이 된다. 비록 에스트로겐 요법이 논란이 있긴 하지만, 에스트로겐과 칼슘의 공급은 뼈의 부피를 적절히 하는데 도움이 된다. 당신의 위험도에 대한 개별 평가를 위해서는 의사를 찾아야 한다.

골다공증의 예방

골다공증의 발달을 예방할 수 있는 몇 가지 요소들이 있다. 첫째는 35세에 뼈의 손실이 시작되기 전까지 뼈들은 성장하기 때문에, 일생 동안 식사 중에 충분한 양의 칼슘은 섭취하는 것이다. 에스트로겐 요법은 종종 성공적일 수 있고, 뼈를 강화시키는 데에 운동은 유용하다.

식사는 골다공증을 예방하는데 있어서 상당히 중요하고, 칼슘이 풍부한 유제품이 식사에 포함되어야 한다. 이런 식품들은 칼로리가 높은 경향이 있으므로 가능하다면 저지방 제품을 선택하라. 게다가 청량음료, 커피와 알코올, 그리고 담배의 니코틴은 과도한 칼슘 손실을 초래할 수 있어서 이런 음료의 섭취를 제한하고, 물론 담배를 줄이거나 끊도록 하라.

1일 권장 칼슘 섭취량은 19세 이상 여성은 1gm(1,000mg)이고, 폐경기를 지난 여성이 골다공증을 피하기 위한 양은 1.2~1.5gm(1,200~1500mg)이다. 보통의 미국 식품은 600~700mg의 칼슘을 함유하고 있기 때문에 이 정도 양의 칼슘을 섭취하기 위해서는 보통 칼슘 보충제를 필요로 한다. 칼슘 보충제가 필요하다고 생각되면, 당신에게 알맞은 종류를 선택하기 위해 의사의 점검을 받아라.

몇몇 새로운 약물은 미국식품의약국(FDA)으로부터 골다공증이 있는 폐경기 여성의 골다공증과 골절을 예방할 수 있다는 판정을 받았고, 예로 든 몇 가지 약물 가운데 하나는 만성병을 예방하는 것으로 알려져 있다. 알렌드로네이트(alendronate)와 에티드로네이트(etidronate)를 포함한 비스포스포네이트(bisphosphonates)로 알려진 새로운 약물은 폐경기 초기의 급속한 뼈 손실—골다공증과 골절을 일으킬 수 있는—을 예방하기 위한 비호르몬제 선택권을 제공한다

걷기, 무용, 달리기 같은 체중부하운동(weight-bearing exercise)은 특히 중년과 폐경기 여성의 뼈 손실을 줄이는데 특별한 효과가 있다. 나는 모든 여성 골퍼는 골다공증을 예방하는데 도움이 되는 체중부하운동을 규칙적으로 시행할 것을 권한다. 이는 전형적으로 18홀을 다 도는 동안 6.5~8km를 걷는 것을 포함한다. 실제 최근의 연구에서 여성 캐디가 비슷한 연령대의 골프를 하지 않는 여성들에 비해 훨씬 더 치밀한 뼈와 강한 근육을 가지고 있는 것으로 보고되었다.

골관절염으로 혼동되는 골다공증

골다공증(osteoporosis)과 골관절염(osteoarthritis)을 둘러싼 혼동은 매우 광범위해서, 많은 여성들은 골다공증을 염려하기도 전에 발생한 관절염과 연계하여 전형적인 부종성 관절, 경직, 그리고 통증이 생길 것으로 예상한다는 새로운 연구가 보고되었다. 그러나 골다공증은 골절이 발생하기 전까지는 증상이 없고, 통증이 없는 질환이며, 미국골다공증재단(National Osteoporosis Foundation, NOF)은 여성들이 의사가 골다공증에 대한 위험을 진단하거나 논의하기 전에 증상이 나타날 것으로 기대하

지 말라고 권고하는 보고를 발표하였다.

공중보건보고서(The Public Health Advisory)는 골다공증에 대하여 스스로 숙지해야 할 뿐만 아니라, 의사와 함께 개인적인 위험도를 평가할 것을 권고한다. 여성은 또한 뼈의 상태와 미래에 닥칠지 모르는 골절에 대한 잠재적 위험성을 평가하기 위해서, 주치의에게 특수 엑스레이 장비를 이용하는 골밀도 측정 검사의 필요성에 대해서 문의해야 한다. 비록 고도의 정확한 골절 위험이 예상되더라도, 골밀도 측정은 충분히 활용되지 않는데, 아마도 여성들이 심각하게 골다공증의 위험을 감지하기 전에 증상이 나타날 것으로 기대하고 있기 때문이다.

미국식품의약국(FDA)은 최근 일차 골다공증 검사로 간편하고 이동이 용이하면서 저렴한 엑스레이를 사용하지 말 것을 권고하는데, 여성의 뼈를 검사하는데 무용하다는 결론에 도달했다. 새로운 장치는 초음파 혹은 고주파수 음파를 이용, 여성의 뒤꿈치의 골밀도를 측정하여 뼈를 평가한다. 자신의 발을 레이저 프린터 크기의 작은 상자 속으로 집어넣으면, 음파가 10초 동안 통증 없이 통과한다. 골밀도는 아주 간단하고 빠른 음파의 움직임에 의해 측정된다. 이 기계는 수분 이내에 결과를 자동적으로 분석한다. 검사 비용은 엑스레이 검사와 판독에 들어가는 125달러보다 저렴한 40달러 정도다.

낮은 검사 수치가 반드시 골다공증을 의미하는 것은 아니다. 의사는 엉덩뼈 골절의 가족력이나 작은 체형, 얇은 피부 혹은 흡연자인지 등을 포함한 다른 위험도를 또한 평가해야 한다.

500여 명 이상의 미국 여성을 대상으로 한 조사에서 10명 중 6명은 골다공증이 경고 징후이거나 증상이 있다고 생각하지만, 실제 질환은 골절이 발생하기 전까지 징후이나 증상 없이 진행한다. 이 조사에서 골다공증의 증상으로 71%는 통증을, 절반은 뻣뻣함, 1/3은 관절의 부종을 언급했지만, 실제로 이것들은 관절염의 증상이다.

게다가 조사에 참여한 여성의 절반은 관절염과 골다공증의 치료 방법이 크게 다름에도 불구하고 비슷한 치료적 접근을 한다고 여기고 있었다. 실제 몇몇 경우에서 관절염 치료법이 골다공증을, 혹은 골다공증 치료법이 관절염을 일으키거나 악화시킬 수도 있다. 예를 들어 관절염을 치료하는

데 상용되는 약이 코르티코스테로이드(corticosteroids)[59]인데, 오랜 기간 동안 많은 양을 사용하면 골다공증을 유발할 수 있다. 체중부하운동(weight-bearing exercise) 같은 일반적인 프로그램이 골다공증을 예방하고 강한 골격을 유지하는 데 상당히 도움이 되는 동시에, 관절염을 앓고 있는 관절의 상태를 악화시킬 수도 있다.

스트레칭

라운드에 들어가기 전의 스트레칭은 나중에 나타나는 통증을 줄일 수 있다. 여성은 일상에서 굽 높은 신발을 착용하여 이미 단축된 종아리 근육의 스트레칭에 세심한 주의를 기울일 필요가 있다. 할 수만 있다면 매일 힐 드롭(Heel Drop, 15페이지 참조)을 시행하고, 경기를 하러 가기 전에는 반드시 하라.

다른 근육들은 다음의 스트레칭을 시행하라.

몸통의 근육을 풀기 위해서는 사이드 스트레치(Side Stretch, 20페이지 참조)를 하라.

넙다리와 엉덩이 근육을 늘려주기 위해서는 허들러 스트레치(Hurdler Stretch(Standing), 14페이지 참조)를 하라.

어깨 근육을 늘려주기 위해서는 6장에서 소개된 어깨 스트레칭 프로그램을 하라.

자세와 균형

여성이 직면하는 가장 나쁜 골프 문제 가운데 하나는 나쁜 자세와 균형이다. 예를 들어, 약한 복부 근육을 가지고 있다면, 공을 어드레스 할 때 몸이 상당히 기우는 경향이 있어서 등에 긴장을 일으킬 가능성이 25% 증

59) 코르티고스테로이드(corticosteroids): 콩팥위에 있는 삼각뿔의 형태를 지닌 기관인 부신의 겉부분인 겉질에서 만들어지는 물질로 호르몬의 일종.

가한다. 알맞은 체중의 분배는 균형의 기본이고 긴장을 덜어준다.

당신은 몇 가지 간단한 운동으로 더 나은 균형 감각을 키울 수 있다. 양팔을 옆으로 쭉 뻗은 채 균형을 잃거나 지칠 때까지 한쪽 발로만 서는 연습을 하라. 반대쪽 발로도 시행하라. 일단 쉽게 할 수 있다면, 눈을 감고 실시해보라. 이 방법이 조금 더 어렵다.

스윙을 하는 동안 적절한 체중의 이동은 균형을 유지한다. 거울 앞에서 등을 약간 굽히고, 팔을 접어서 양손을 반대쪽 어깨에 올려놓아라. 어깨를 오른쪽으로 돌려서 전체 체중을 오른발로 옮겨라. 왼쪽 뒤꿈치를 들어 올리고 어깨를 왼쪽으로 돌려라. 당신의 체중이 왼쪽으로 옮겨지는 것을 느끼게 될 것이다. 마무리 동작에서 체중 이동이 완료되고 오른쪽 뒤꿈치는 들려진다.

적극적인 균형 훈련을 위해 밸런싱 보드(balancing board)를 이용할 수도 있는데, 이것은 보드 아래에 원통을 두고 앞뒤로 굴리도록 하는 것이다. 혹은 밥스 보드(BAPS board)를 이용할 수도 있는데, 이것은 반구 위에서 둥근 발판으로 균형을 잡는 것이다. 개인 트레이너나 피지컬 트레이너(physical trainer)에게 어떻게 밸런싱 보드를 정확하게 이용하는지 배울 수 있도록 도움을 요청하라. 또한 5장에서 설명한(86페이지 참조) 큰 고무공을 이용해서 균형 감각을 개선할 수 있다. 또, 이 공을 이용해서 운동해본 사람(트레이너)에게 당신에게 맞는 프로그램을 권해줄 것을 요청하라.

문제가 되는 부분들

여성 골퍼의 부상은 기본적으로 남성 골퍼와 같다. 그러나 해부학적인 차이 때문에 몇 가지 특성이 있다.

손의 근력

남성 프로 골퍼들은 여성 프로들에 비해 더 강한 손을 가지고 있기 때문에 쇼트게임에서 우위를 점한다. 여성은 큰 쇼트게임의 핵심인 작은 움직임을 만들어내는 더 강한 손의 힘을 필요로 한다. 많은 수의 여성들은 손과 손목 힘의 부족으로 스윙의 최고 정점에서 클럽의 무게를 지탱할 수 없다. 힘을 강화하기 위해서는 1장과 9장에서 소개된 손과 손목 강화 및 스트레칭 운동을 시행하라.

또한 그립의 크기가 정확해지도록 맞추어라. 그립이 너무 작거나 너무 크면 클럽을 너무 단단히 잡게 된다. 이것은 손과 아래팔 근육에 피로를 유발하고, 팔꿈치 힘줄에 부가적인 스트레스를 가져다 줄 수 있다.

무릎의 통증

여성은 남성에 비해 러너스니(runner's knee)가 발생할 위험이 더 크다. 이는 여성의 골반이 더 넓어서, 허벅지와 종아리가 이루는 각을 더 가파르게 만들기 때문이다. 이는 무릎뼈를 기준선 밖으로 끌어당겨 무릎뼈 고랑의 측면을 마찰시켜서 통증을 일으킨다. 여성은 무릎 통증의 조기 징후를 빨리 알아차려야 한다. 골프화와 다른 신발들에 교정장치(orthotic device)를 넣으면 러너스니를 보정할 수 있고 통증을 줄일 수 있다. 풀 레그 익스텐션(Full Leg Extension)이 아닌 30도 레그 익스텐션(30-Degree Leg Extension, 10장 136페이지 참조) 또한 넙다리네갈래근을 강화시킴으로써 도움을 줄 수 있다.

유방의 크기

유방의 크기가 커지면 여성의 팔이 가슴을 가로지르는 거리가 제한이 된다. 그러나 큰 유방이 백스윙을 제한하지는 않는다. 당신의 유방이 스윙으로 인해 거슬린다고 느낀다면, 전문 지도자를 찾아서 교정을 받을 필요가 있다.

최근 스포츠 브라는 유방 받침의 필요성을 충족시키고 있다. 스포츠 브라의 다양한 형태와 크기는 모두 유방의 움직임을 최소화하기 위해 디자인된다. 이것들은 유방을 가슴을 향해 밀착시키고, 분리된 컵 안에서 각기 떠받치고 끌어올린다. 좋은 스포츠 브라는 튼튼하지만 운동의 범위를 제한하지 않고 최대한 허용한다. 대부분 마모되지 않고 통기성 있는 소재로 만들어진다.

수많은 스포츠 브라를 이용할 수 있으므로, 구입하기 전에 각각 평가하라. 브라를 착용했을 때, 달려보거나, 제자리에서 뛰어보고, 가상의 스윙을 해보라. 당신이 확실한 것을 원해야, 당신의 요구를 모두 충족시킬 것을 얻게 된다.

골프처럼 충돌이 거의 없는 스포츠는 유방의 사이와 겨드랑이의 통기성을 살펴라. 어떤 스포츠 브라는 통기성이 있으면서 빨리 마르는 심지 소재(wicking materials)로 되어있다. 일단 경기가 끝나면 간단하게 브라의 표면만 헹구고 건조시킨다. 그러면 몇 시간 이내에 다시 사용할 수가 있어서, 골프 여행을 가거나 잦은 경기 일정이 있을 때 큰 이점이 된다.

임신

대부분의 여성들은 임신 중에도 골프를 계속할 수 있다. 임신한 여성은 간단한 의사의 자문을 얻고 나서, 몇몇 단순한 주의사항을 따르고, 몸에 나타나는 피로의 징후에만 관심을 기울이면 된다.

임신한 골퍼는 특히 더울 때 충분한 물을 마셔야 하고, 간식을 섭취해야 한다. 코스를 걷되, 지칠 경우를 대비해서 카트를 항상 대기시켜야 한다. 자주는 아니더라도, 경기를 하기 전이나 반환점에서는 화장실을 들러라.

임신 6개월경에는 골프 경기에서 약간의 조정을 할 필요가 있다. 그 무렵에는 손과 발이 부을 수 있다. 조금 큰 장갑과 늘려놓은 골프화를 착용하도록 하라. 편안하게 공을 어드레스 하기가 문제가 있다면, 엉덩이를 약간 굽히거나 몇 인치 정도 뒤로 공에서 물러나라. 이것은 어깨에서 팔이 자유롭게 움직일 수 있도록 해준다. 커진 배와 가슴에 적응하기 위해서 일정한 페이스로 균형 잡힌 스윙을 할 수 있도록 하라.

적절한 근육 긴장을 유지하는 것은 임신 기간 동안 건강 관리의 중요한 부분이다. 분만에 알맞은 몸을 만들기 위해 운동하고, 대장 기능을 활성화시키며, 잠자리를 편안하게 하여서 대체적으로 여성이 훨씬 더 편안함을 느낄 수 있도록 하라. 임신 기간 동안 규칙적으로 운동을 하는 여성은 제왕절개 확률이 낮아지고, 분만하는 동안 통증이 거의 없으며, 입원 기간이 짧고, 운동을 하지 않은 여성에 비해 조금 더 무거운 아이를 낳게 된다.

근육 강화 운동은 요통 및 임신 중 체중 증가와 무게 중심의 변화 때문에 당면하는 여러 가지 문제를 덜어주는 데 도움이 된다. 골프 가방처럼 무거운 물건을 드는 것을 피해야 할 이유는 없다. 그런 해묵은 통념은 사라져야 한다.

규칙적인 운동 프로그램에 참석하는 여성들은 확실히 9개월 동안 골프를 멀리할 필요는 없다. 만약 임신을 계획한다면, 임신하기 전에 자세가 유지되도록 연습해야 하고, 그리고 임신 중에도 적정 수준을 유지해야 한다.

대부분의 임산부 교실에는 유산소 운동의 효과를 거두면서, 특정 근육군에 중점을 두는 임산부 운동 수업이 있다. 이들은 모든 여성 골퍼들이 역점을 두어야 하는 3가지 주요 영역을 포함하는데, 어깨와 등, 배, 그리고 골반 바닥의 근육들이다.

임신 중 가장 안전한 스포츠는 컨디션 조절을 하듯 부드럽고 지속적인 움직임을 유발하는 것이다. 골프, 워킹, 수영, 크로스컨트리 스키, 그리고 사이클링은 모두 탁월하다.

직장과 가정에서의 운동

남성들과 마찬가지로 여성들도 운동할 시간 없이 매일 격무에 시달릴 수 있다. 직장에서나 집에서나 나날이 유연성과 근력을 개선하기 위해 운동을 할 수도 있다. 이 운동들은 여성들이 특별한 보강을 필요로 하는 상체와, 모든 골퍼들이 문제를 가지고 있는 등에 초점이 맞춰져 있다.

쇼울더 플렉서빌러티 Shoulder Flexibility

증가된 유연성은 스윙을 할 때 운동범위(ROM)를 증가시킨다. 차에서나 직장에 있는 동안, 양손을 운전대나 책상 위에 올려놓고 어깨를 먼저 앞으로 넘기면서 시계방향으로 돌리고, 다시 반시계방향으로 돌린다. 각 방향마다 10회 반복하라. 그리고 어깨를 위로 으쓱 들어올려서 3초 동안 멈추고 이완한다. 10회 반복하라.

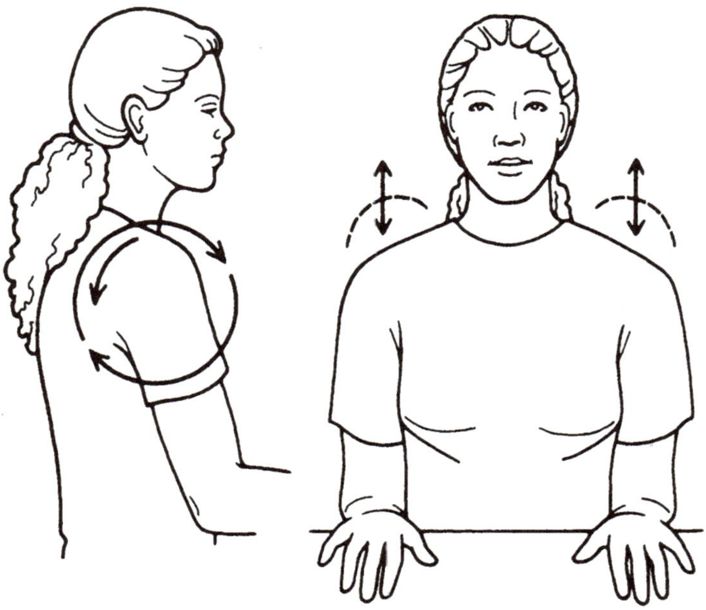

리스트 코크 Wrist Cock

강한 손목은 견고한 그립으로 이어진다. 작업을 잠시 멈추고, 클럽을 잡은 것처럼 손을 쥐어 보라. 허리 높이까지 들어 올리고, 손목을 오른쪽 어깨 방향으로 꺾어 보라. 다시 허리 높이까지 돌아와서, 왼쪽 어깨 방향으로 꺾어 보라. 팔꿈치가 거의 흉곽을 스쳐 지나가도록 하라. 30회 반복하라.

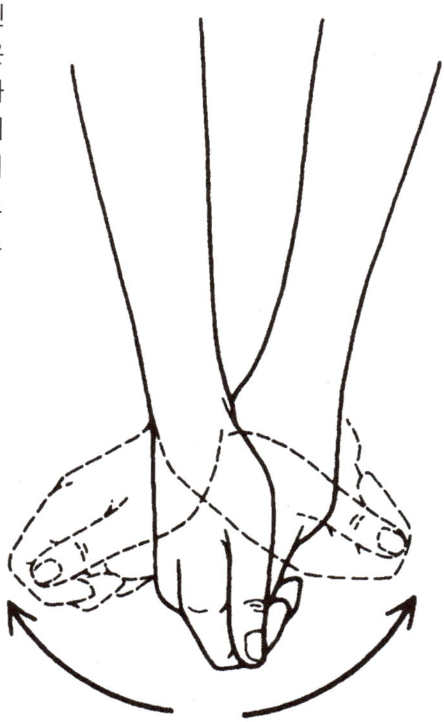

로우 백 플렉서빌러티 Lower Back Flexibility

유연한 허리는 힘은 증가시키고 부상의 위험은 감소시킨다. TV를 보는 동안, 등을 펴서 의자에 기대고 앉아서 어깨를 따라 클럽을 걸쳐 올린다. 천천히 상체를 오른쪽으로 돌리면서, 엉덩이는 가능한 거의 움직임이 없도록 하되 고착시키지는 않는다. 10~20초 동안 늘려주기를 유지한다. 그리고 천천히 왼쪽으로 돌려서 10~20초 동안 유지한다. 단순히 좌우로 돌리지만 말라. 이는 근육을 발열시키면서 단축시키되, 늘어나게 하지는 않는다.

로테이터 커프 스트렝스 Rotator Cuff Strength

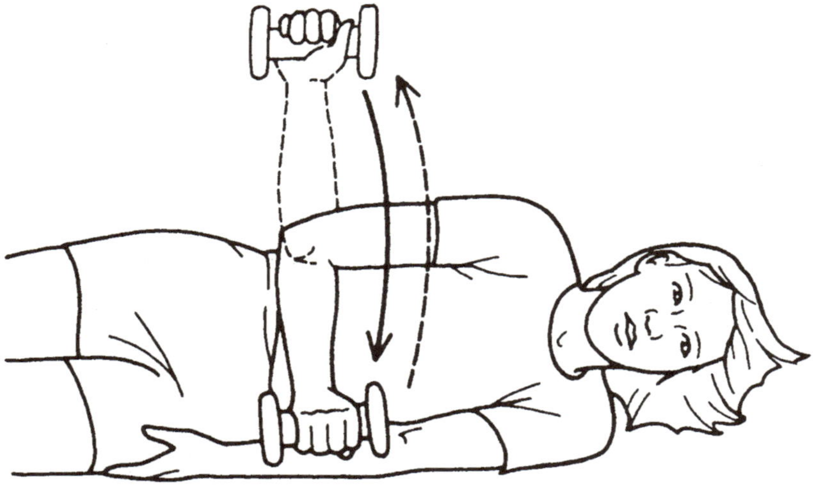

회전근개 근육의 형성은 일반적인 어깨 부상을 예방한다. 이 운동은 스윙을 할 때 팔을 뒤로 돌리는 것을 도와주고 클럽이 앞으로 뻗어 나가도록 한다. TV를 보는 동안 오른쪽을 아래로 해서 소파에 옆으로 눕는다. 오른손을 오른쪽 엉덩이에 가져다 둔다. 1~1.5kg 정도의 아령을 왼손에 잡고, 팔꿈치를 엉덩이에 붙이고서 엉덩이 위로 아령을 들어올린다. 왼팔을 TV 방향으로 가슴을 가로질러 앞으로 내리고, 다시 엉덩이 위쪽으로 들어올린다. 동작을 하는 동안 팔꿈치를 엉덩이에 밀착시킨 상태로 유지한다. 10회 3세트 반복하라. 방향을 바꿔서 오른 팔도 시행하라.

허리 박사의 건강한 골프, 안전한 골프 팁

LPGA 톱클래스에 우리 골퍼들의 상당수가 포진해 있다는 사실은 이제 우리 국민이라면 누구나 알고 있는 사실이다. 아울러 아마추어 여성 골퍼의 숫자도 눈에 띄게 늘어가고 있다. 여성 골퍼들도 남성들과 마찬가지로 부상을 피해갈 수는 없는데, 허리의 부상은 감소해가는 반면 왼쪽 팔꿈치와 손목, 손의 부상은 늘어가는 추세다.

부상의 주요 원인은 과도한 연습과 시합, 잘못된 스윙 방법 혹은 땅을 치기 때문이다. 이에 대한 예방 방법은 앞에 충분히 설명되어 있고, 꾸준히 실천하는 것이 가장 중요하다. 여성 골퍼도 근력의 중요성은 아무리 강조해도 지나치지 않다. 남성에 비해 유연성은 뛰어나지만 근력이 떨어지고 기술의 습득도가 느려 원하는 결과를 얻지 못하는 경우가 많다.

낮은 타수를 얻는 방법은 결국 근력과 유연성의 강화, 정확한 스윙 방법밖에는 없다. '헬스클럽을 찾는 남성 회원은 전부 웨이트 머신만 하고, 여성 회원은 스트레칭만 한다'는 우스갯소리가 있다. 이는 여성이 근력 운동을 많이 하면 체형이 남성스러워 진다는 근거 없는 이야기에 솔깃해서 근력 강화에 치중을 하지 않는다는 이야기일 수 있다. 여성은 웬만해서는 근육이 우락부락해질 수 없으니, 올바른 지도를 받아서 근력을 향상시키기를 바란다.

심리적으로 남성 골퍼는 기복이 큰 반면, 여성은 침착함에 비해서 한번 가라앉은 기분이 회복되기까지는 상당한 시간이 걸리는 것을 경험적으로 느껴왔다. 대한민국 여성 프로들이 세계 톱클래스에 올라서듯이, 여성들도 꾸준한 준비를 통해 자신감을 가지고 임한다면 자신의 능력을 충분히 발휘할 것으로 생각된다.

15. 장애인 골퍼

골프는 여러 다양한 장애인들이 즐길 수 있는 스포츠다. 긴 거리를 걸을 수 없다면 카트를 탈 수 있고, 수많은 장애를 극복할 수 있게 스윙은 변형될 수 있다.

미국골프협회(The United States Golf Association)의 골프규정에는 휠체어, 목발, 지팡이를 사용해야 하는 골퍼와 팔이나 다리를 잃거나 시력을 잃은 골퍼를 포함해서 장애를 가진 골퍼에 대한 항목이 있다.

다리의 문제

케이시 마틴[60]의 다리 문제와 골프 카트의 사용에 관한 PGA와의 논쟁은 갇혀 지내던 수많은 장애인 골퍼를 골프장으로 이끌어 냈다. 마틴은 프로 토너먼트 경기에서 카트를 탈 수 있다는 결정을 법정에서 얻었고, 마이너리그 나이키 투어와 몇몇 PGA 투어에서 그렇게 해왔다.

마틴은 희귀한 유전성 순환 장애를 앓고 있다. 그의 오른쪽 다리는 태어날 때부터 통증의 원천이었다. 오른쪽 다리의 큰 정맥들은 사라지고, 작은 정맥들은 기형이 되었다. 혈액이 천천히 움직이기 때문에 그의 다리는 영양실조가 되었고 정상 크기보다 작았다. 서 있을 때는 혈액이 다리로부터 올라오지를 못했다. 혈액이 정맥 속에서 막혀 다리는 검붉게 변해가고, 심지어 검게 보인다.

그의 퇴행성 질환(클리펠-트레노우내이-웨버 증후군, Klippel-Trenaunay-Weber syndrome)은 밤에 다리 통증으로 자주 깨게 만들었

60) 케이시 마틴(Casey Martin): 1972년 오레건 주 출생. 미국 프로 골퍼. 1995년 프로 데뷔.

다. 다리가 걸을 때보다 차를 탈 때가 느낌이 낫다고 말하지만, 상태는 진행 중이다. 그는 심각한 골절의 위험 상태에 있었고, 결국 다리를 잃게 되어 경기를 계속하기 위해서는 보조기를 필요로 하게 되었다. 정형외과 의사는 그의 발가락에서 종아리까지를 연장하여 다리뼈를 보호하고 지지할 기구를 설계했으나, 마틴은 그것을 착용하고 훌륭한 경기를 할 수는 없었다.

갈수록 많은 사람들이 나이가 들어감에 따라 순환기 장애가 발생한다. 이들은 간헐성 파행(intermittent claudication)이 생길 수 있는데, 불충분한 혈액 공급으로 인해 다리에 경련이 발생하기 때문이다. 이들은 몇 분만 걸어도 다리에 경련이 발생한다. 앉거나 쉬는 것이 고통을 덜어주는 유일한 방법이다. 순환기에 문제가 있는 사람이나, 신경학적 혹은 소아마비 같은 근소모성 질환을 가진 사람은 카트를 타고 코스를 돌 수 있다.

절단 수술을 받은 사람

절단 수술을 받은 많은 사람들이 골프를 잘 하고 있다. 심지어 이들 골퍼들 가운데 일부는 전체 코스를 걸어 다닐 수도 있으나, 물론 능력이 안 되면 카트를 탈 수도 있다. 새로워지는 보조기들은 점점 정교해져서 거의 정상적인 움직임과 기능에 근접해 가고 있다.

팔이나 팔의 기능을 상실한 골퍼는 한 손 스윙을 익힐 수 있다. 거리와 정확도에서 떨어질 수는 있으나, 이들 골퍼들이 대부분의 다른 스포츠에서 그러했던 것처럼, 스포츠로부터 멀어지지는 않게 한다.

인공관절

관절염은 관절을 교체해야 할 정도로 악화시킬 수 있다. 그러나 인공관절이 골프를 다시 시작하는 것을 막을만한 이유는 없다. 심지어 양쪽 엉덩이가 인공관절인 사람도 경기를 할 수 있다. 조사에 따르면 인공관절을 쓰는 골퍼는 빠른 경우 1달 만에 복귀하고, 월평균 3~4회씩 경기를 하는 것으로 나타난다(현재 골프의 전설인 잭 니클라우스[61]는 엉덩이 인공관절의 가능성을 타진하고 있다). 양쪽 무릎을 다 교체하거나 양쪽 어깨를 다 교체하는 것도 골프를 다시 시작하는 것을 막을 수 없다. 대부분의 정형외과 의사들은 인공 무릎 관절을 한 골퍼는 동력 카트를 이용할 것을 강력히 권고한다.

여기 보조기를 착용한 골퍼들을 위한 팁이 몇 가지 있다.

- 습한 날씨에 경기하는 것을 피하라. 엉덩이나 무릎에 인공관절을 한 다수의 골퍼들은 (스파이크를 착용한) 발이 인공 관절에 압력을 덜어 주기 때문에 스파이크를 착용하지 않고 경기하는 것을 선호한다. 그러나 습한 날씨에 금속 스파이크가 없을 때는 미끄러지고 넘어질 위험이 약간 증가한다.
- 발가락을 조절하라. 백스윙에서 왼쪽 뒤꿈치를 들고, 다운스윙에서는 오른쪽 뒤꿈치를 들어라. 발바닥이 고정된 스윙이 압력을 증가시키는 반면에, 이 방법은 인공 관절에 대한 압력을 감소시키는 데 도움을 준다.

오른쪽 무릎에 인공관절을 한 오른손잡이 골퍼들은, 시니어 PGA 프로 개리 플레이어[62]에 의해 유명해진 "스테핑 스로(stepping through)" 테크닉을 구사하는데 이점으로 작용할 수 있다. 다운스윙을 할 때 땅에서 오른발을 떼었다가 골퍼가 목표를 향해 걸어 나가듯 폴로 스로를 한다. 만약 왼쪽 무릎에 보조기를 하고 있다면 관절에 과부하를 줄 수 있으므로 절대 이 테크닉을 시도하지 마라.

왼쪽 무릎에 인공관절을 한 오른손잡이 골퍼들은 목표를 향한 오픈 스탠스가 유리하다. 이것은 백스윙이 좀 더 어려워지지만, 왼쪽 무릎을 들어 올려서 정확한 백스윙을 하게 한다.

---

61) 잭 니클라우스(Jack Nicklaus): 1940년 미국 오하이오 생. 1961년 데뷔 이후, 메이저 4개 대회 18회 우승 등 총 113회 우승.

62) 개리 플레이어(Gary Player): 신장 174㎝, 체중 68㎏. 1935년 남아프리카 공화국 요하네스버그 출생. 1953년 프로 데뷔. 총19회 우승.

하반신마비

또 다른 장애인 골퍼 가운데 감동적인 예는, 양쪽 다리를 사용하지 못하는 프로 골퍼 데니스 월터스[63]다. 젊은 시절 그는 전도유망한 아마추어 골퍼였으나, 골프 카트 사고를 겪고서 하반신마비가 되었다. 그는 결코 골프 경기를 할 수 없을 것이라는 말을 들었다. 그러나 그는 경기에 대한 그의 사랑을 잃지 않았고, 골프 카트의 외측면에 스윙을 할 수 있는 의자를 부착했다. 이 회전식 의자에서 그는 공을 치고, 목발을 짚고서 벙커에서 빠져 나오는 전략과 퍼팅을 가르친다. 그는 전국을 돌면서 그가 머무는 곳마다 감동과 재미가 함께하는 트릭샷 쇼[64] 여행을 하고 있다. 미약한 재주를 가진 다른 하반신마비 골퍼들을 위해 할 수 있는 한, 월터는 여전히 골프를 즐기고 동료의식을 쌓아가고 있다.

불편한 허리

허리가 불편한 골퍼는 스윙을 교정하여 경기를 지속할 수 있다. 특히 허리 강화 프로그램(back-strengthening program, 111페이지 참조)만 겸한다면 역"C"자형의 모던 스윙에서 등을 곧게 편 클래식 스윙까지 다 할 수 있다.

63) 데니스 월터스(Dennis Walters): The Dennis Walters Golf Show(http://www.denniswalters.com) 참조.

64) 트릭샷 쇼(trick-shot show): 다양한 클럽, 티 등을 이용하여 골프 묘기를 보여주는 쇼.

INDEX

- 운동 찾아보기
- Exercises

운동 찾아보기

ㄴ

ㄹ

ㅂ

ㅅ

ㅇ

ㅊ, ㅋ, ㅌ

ㅍ

ㅎ

기타

Exercises

L

N, P, Q

R

S

T

U, W, V

기타